第3章　古文書を旅する

日本史の探偵手帳

まえがき

本来、歴史は面白いもので、人生の役にも立つ。ところが、学校教育の教科書の歴史には、味がなく、人生に役に立ちそうにない。暗記物になってしまっているからである。人間とは不思議なもので、三十代、四十代以上になると、仕事も経験も積むから、道理のわかる、賢い人であれば、「歴史が参考になる」と気付く。そして、自分で歴史の本を読み始め「なぜそうなったか」を考えはじめる。すると、人間社会によくみられるパターンがみえてくるらしい。こういう言動はした方が良いとか、それはしない方が良いとか、無意識に歴史から学びはじめる。実は、このタイプの学びが、決定的に、大切なのである。

本書は、そういう人の知識欲を応援する本である。学校で一回歴史をかじる。そして、しばらく仕事をしてから、再び、歴史を学び始めた人の思考力の強さは、素晴らしいものになる。これこそがほんとうの学びだと、わたしは感じている。これからの時代の勉強のしかたは、これまでとは全く違うものになる。もはや、インターネットで検索すれば、人名・年号など事実関係は、グーグル・ヤフーなどの検索エンジンが教えてくれる。暗記力だけでいえば、人間の脳は機械に勝てない。これからは人工知能がのしてくるから、さらに勝てなくなるだろう。しかし、人間には機械にはない素晴らしい能力が備わっている。何かを疑問に思って調べようとする力である。好奇心をもち、自分が知りたいことを調べはじめ、自分で自分の知識や判断材料を増やしていくことが大切な時代になりそうである。

わたしは子どものころから「日本史探偵」をやってきた。いつも、自分だけの疑問を頭に思い浮かべ、古文書という遺留品をてがかりに、捜査をやってきた。このごろでは「プロジェクト学習」というらしいが、それをやってきた。毎日、毎月、毎年、自分で調べてみたいことを脳中に思い浮かべる。例えば、江戸の町に隕石が落ちたことはあったか、あったとしたら、家屋や人的被害はなかったか。中国・韓国で美容整形がはやっているが、そもそも美容整形は世界史上、いつ、どのように出現したか。目を大きくする手術は、日本で発達したらしいが、いつ誰が開発したのか。あるいは、戦国の武将は厳しい戦いの中を生き抜いたが、どんな教育をうけていたか。戦国武将の部下の育て方は、どのようなものか。戦国の戦闘マニュアルがあれば見つけよう、などと、勝手に、勉強してきた。こういうものは、一日か、ひと月で、調べがつく。とりわけ、気になったのは女の隠密「くノ一」のことである。学術的に、ほとんど研究されていない。これは一年がかりで調べた。女の性を武器とした情報工作は、どの程度、古文書に記されているのか。史料をさがして解明していった。

はじめは調べたからといって発表するつもりはなく、家族や友人に楽しく話しているだけであった。しかし、面白がってくれる人もいて、そのうち、いろんな雑誌から編集者がやってきて「語ってくれ、書いてくれ」という。探偵が手帳にメモを残すように少しずつ書いて渡した。それらを、まとめたのが本書である。日本史の探偵・磯田道史の手帳のようなもので、人さまにお見せするのは気が引ける。歴史の遺留品である古文書＝一次情報を追って、歴史捜査を繰り返す現場の楽屋裏をみせるのは恥ずかしい。しかし、ネット上の歴史情報とは違う生々しさを好む人には好いかもしれない。手帳を落としてしまった気分で公にする。

第1章　中世の武士と近世の武士の違い

江戸から読み解く日本の構造

アジアの国々で空港の役人に、公然と金銭を要求されることがしばしばある。ところが、成田税関でそんな事件が起こった、などという話は聞いたことがない。このごろは、日本でも文科省の役人が子どもを医学部に不正入学させたとして起訴され、怪しくなってきているが、日本の役人の不正はだいたい飲み食いで、他のアジア諸国と比べるとまだ、ましなほうである。

江戸の武士たちに比べれば、中国清朝の官僚たちは、なにかにつけて莫大な賄賂を得ていた。江戸時代のお代官様は、それこそ農家に視察にいって「うずらの卵を持ち帰る」ぐらいが関の山であった。

時代劇でよく、お代官様の袖の下に、封金（小判二五枚をまとめて紙封したもの）をねじこむシーンがあるが、現代感覚でいうと、あれはひとつ七五〇万円になる。「ほんのご挨拶がわり」などと、「越後屋」が菓子折に敷き詰めて渡せば、三億円以上になる。代官にそんなにワイロを与えても商人は元がとれない。いずれも、まったく非現実的なフィクションである。では、なぜ、同じ役人なのに、江戸と清朝はそんなに違ったのだろうか?

宗族《そうぞく》と小家族、科挙と世襲

日本の武士（役人）家族は、江戸時代には既に、四～五人の小家族単位で暮らしていた。しかも、役職は世襲で、終身雇用どころか永代雇用であった。つまり、武士の子孫なら武士になれた。その代わり、頑張っても小さな出世しかできない。一〇〇石の領地持ちだったとすれば運よく出世したところで一五〇石までというのが普通であった。

ところが、中国や韓国では、人間は宗族（一族単位の大規模家族）のなかで生きていた。役人になるには、まず科挙（官吏登用試験）という難しい試験に合格しなければならない。一族の中に一人優秀な子どもがいると、宗族をあげて経済援助し、優秀な先生につけて勉強させ、都にあげて出世させる。こうした宗族の協力は、決して遠い昔話などではない。韓国では、ほんの最近まで、一族の子どもをソウル大学に入学させるため、こうした宗族の助け合いが実際に行われていた。

中国の清朝では、一族から大臣がひとり出ても、次の世代に大臣が出るとは限らない。

在任中に稼げるだけ稼ぎ、投資してくれた宗族に還元した。宗族は大地主など土地、地域や商業活動と結びついているのが一般的で、これが役人の腐敗につながっていた。国家の役職を一族のビジネスにつなげる伝統から脱しきれていないのが、今の大陸東アジアの悲しいところである。

兵農分離による専業武士

対して、日本の役人は専業が基本である。これは、戦国期末に兵農分離が進んだことに遠因があり、武士（役人）が専業化し、土地や商売と離れた。

江戸の武士は、建前上は、年貢を受け取る小領主が大半で、年貢のやり取りは書類で行われ、領地管理も藩単位で行われており、武士とその領地に住む農民は切り離されていた。城下町から一歩も出ず（出るには許可が必要）、年に二度か三度、賦役《ぶやく》銭（本来は労働で納める税）を納めにくる領民代表と会うだけで、自分の支配地に行ったこともなければ、領民の顔さえ知らない武士がほとんどであった。

ノーベル賞学者で経済史が専門のダグラス・ノースは『経路依存』という考えを提唱している。これは、「経済制度は、前の制度の道筋にとらわれながらしか発展できない」という非常に的を射た考え方で、とくに日本によくあてはまる。経済に限らず、こうした視点から、一〇〇〇年ぐらいの単位で日本史上の制度を捉えてみることも必要であろう。つまり、日本では約一〇〇〇年、武士の時代が続き、現在の非武士の時代はまだ一五〇年しかやっていない。だから武士の時代、とりわけ、兵農分離後の江戸武士社会三〇〇年の影響が、現在に色濃く残っていると考えるのが普通で、現代日本社会の原点はまぎれもなく江戸の武士社会のなかにも読み解くヒントがある。

忠誠心ゼロの中世武士

同じ武士でも、中世武士と近世武士はまったく価値観が異なったといってよい。中世の武士を理解するために、私は二つの例をよくあげる。ひとつは、中世に生まれた狂言。もうひとつは『いざ鎌倉』という言葉である。

狂言では、主人（大名）が太郎冠者《たろうかじゃ》（下人）を呼ぶシーンがよくあるが、太郎冠者が登場すると、主人は決まって同じセリフを言う。「ねんのう（思いがけず）早かった」というフレーズである。一方、『いざ鎌倉』という言葉は謡曲『鉢木《はちのき》』にある言葉で、「いざという時は幕府のある鎌倉へ駆けつける」転じて「いよいよ行動を起こす時」の意味に使われている。

これらから三つのことがわかる。それは、中世武士は、「呼ばれないと来ない」「通常、呼んでもなかなか来ない」「いざという時しか来ない」という事実である。この程度の主従関係で近世武士の滅私奉公とは程遠いものであった。中世の軍記物にも書かれているが、万の大軍で押し寄せた軍勢が一度負けると「わずか三、四騎になりて落ちのびけり」となったのはそのせいといってよい。

このように、中世武士たちは私的利害のために主従関係を結んでいるだけで、直接統治する土地や、塩田、流通権益といった独自の経済基盤をもっていた（つまり兼業）。当然、家来といっても、江戸時代とは違い、同じ土地に住んでいない者が大半であった。当然、主君のために死ぬなどという考えをもつ者などめったにいない。これを一変させ、近世武士が登場するきっかけを作ったのは、火縄銃出現による戦術の変化であった。

火縄銃の出現は、武士たちの戦術に大きな影響を与えた。火縄銃が使われるようになった戦場では、集団でひとかたまりとなり、その中心に主君をおき、密集軍団で突撃する戦法をとることが有利となる。いわば最前列が楯になり後陣が攻め込む戦法で、この戦法は、数分に一発しか撃てず有効射程一五〇メートルの火縄銃相手だからこそ効果的となる。こうした戦法を得意とするのが濃尾平野の武士たちであった。かくして、濃尾平野から信長、秀吉、家康という天下を争うリーダーたちが生まれている。

それと、もうひとつ重要なのは、この戦法は、すぐ逃げ出す中世武士団では成立しない。体を張って主君を守る家来がいないと実現不可能となる。そこで主君は、家来に、もし死んでも、「遺族には、子々孫々まで家名と土地を保証する」ことで体を張らせた。これが譜代の家臣の成立である。

これを濃尾システムと呼んでよい。この濃尾システムが誕生するのは一向一揆での戦いの頃からであった。一向宗は当時は激しい宗教で、「死ねば極楽にゆける」を合言葉に、信者を戦いに向かわせた。一方、死を恐れぬ厄介な宗教集団を相手に、濃尾平野の武士たちは、「主君のために戦死すれば、子々孫々まで家名と土地を保証する」システムで対抗した。もちろん、田植えや収穫期に戦線を離脱されたり、死んで畑の耕し手がいなくなっては、経済基盤が崩れるから、兵農分離もある程度、進んだとみられる。

かくして、主君の楯となる忠誠心の高い専業武士が生まれた。やがて家康が天下を取ると、家康に従った濃尾平野の武士たちが、大名となり全国各地へ散った。江戸時代の大名のおそらく七〇％以上が濃尾平野出身で、それにともない、濃尾システムも全国へ広がった。

観念化する支配層

子々孫々まで家名と土地が併せて保証されるということは、裏を返せば、へたに冒険して失敗をすると、その権利を剝奪され、子々孫々まで影響が出ることを意味する。武士たちは、とにかくおかしなことだけはしないように努め、保身ばかりに考えがゆき、決められた仕事以外はしなくなった。頑張っても、先祖の働きで石高は決まっているからあまり努力もしなくなったといってよい。横並び意識が強くなり、失敗しないために前例を重視するようになった。現代日本の組織伝統はこの流れを汲んでいる面がある。

つまり、大失敗や巨額の不正はしない代わりに、新しいことや積極的な仕事はしない。江戸時代のこの構造は、それまでに自分が携わっている仕事以外は、全く何もできない武士を創りあげた。幕末、だめな武士は他に何もできない彼らは自分のプライドとアイデンティティを守るためだけに行動した。そして、できないことを逆手にとり「武士にそんな卑しいマネができるか」といった言いぐさで、しばしば居直った。先祖の忠義のおかげで今日があると、先祖を敬い、忠義をことさら強調し、忠義のための忠義、滅私奉公という概念が生まれた。

私が調べた加賀藩の武士は、塀がちょっと壊れてもすぐ大工を呼び、庭の手入れは植木屋任せであった。武士は武士らしからぬことには手をつけなかった。

ところが全国で二ヵ所、仙台と薩摩だけは、兵農分離が進まず、武士が領民と同じように働いていた。例えば、薩摩藩の西郷隆盛と大久保利通などは、楠木正成公の神社を建てようと相談がまとまると、自分たちで材木を持ち込み、自らの手で建て始めた。この動きのよさが、幕末期には影響している。

形式にとらわれた武士と、何事も実質に添い行動に移す武士、この違いが幕末にも影響し、実際、兵農末分離の九州と東北が戦える武士で戊辰戦争や士族反乱はこの地域で起きた。

困窮する武士

時代劇では、貧しい農民が武士に虐げられるシーンをしばしば見かけるが、事実とは違う。私の先祖は、岡山藩の支藩の家臣でしたが、家に残っている古文書を調べてみると、出てくるのは借用書である。片や、近くにあるかつて庄屋（大農場主）だった家に行くと、なんとか鑑定団に出せるようなお宝が、ごろごろ転がっている。幼い頃から生活実感として、武士が貧しく、農民の方が豊かだと感じていた。

かつて、加賀藩の御算用者だった猪山《いのやま》家の詳細な家計簿を見いだし、そこから当時の武士の生活実態を浮き彫りにする『武士の家計簿』（新潮新書）という本を書いたことがある。その中でも詳しく書いているが、武士であるためには、身分費用というものがかなりかかる。

具体的にいうと、石高に応じた人数の奉公人を雇わなければならない。また、儀礼や交際にはお金がかかり、これを怠ると武士としての体面が保てない。私の調べた猪山家では、主人の年収約七〇〇万円。奉公人が草履取りと下働きの女性の二人おり、必要交際費は家計の三分の一を占め、主《あるじ》の小遣いは月五八四〇円。奉公人は給与こそ安いが、衣服や食事はすべて主負担で、草履取りに他家への用事をいいつけるごとに、約七五〇円の小遣いを与えなければならない。ということは、主人より草履取りの方がずっと裕福であった。

元禄頃まで、奉公人は禄高一〇〇石あたり四人必要で（一五〇〇石の大石内蔵助には、六〇人の奉公人がいた）、高禄の武士も大変だったと思われる。調査の結果、当時の武士は大体年収の二倍の借金を抱え、しかも、信用がないため一八％もの高金利を払わされ、返済は利払いが精一杯で、借金の元本はちっとも減らないというのが実態であった。

年収七〇〇万円の武士で借金一四〇〇万円、支払い利息だけで二五二万円（月二一万円）の計算となる。貸し主の第一番は親戚や同僚たちで、互いに融通しあっていたようです。このことからも、交際は、生活上の重要事項であった。そして、第二番目は支配地の農民で、彼らの場合、返済が滞れば、年貢を納めないという対抗手段をとることもできたと考えられる。

豊かな農民、五公五民の真相

歴史教科書などで、四公六民や五公五民という言葉が江戸の重税の代名詞として使われる。しかし、これは全生産の四〇〜五〇％が税で取り上げられるという意味ではない。税はほぼ米にしかかからない。江戸時代の農業生産はＧＤＰ（国内総生産）の六〇％、時代が進むにつれ農業生産の中で米の割合は減り、幕末頃には木綿、菜種や他の物産の割合が増えた。

経済史家が長州藩について調べた研究によると、江戸時代の租税負担率はGDPの二一%で、現在の租税負担率とほぼ同じである。この実態を重税と呼べるかどうかというのは、はなはだ疑問といってよい。ちなみに全人口に対する武士家族の比率は約七%で、この人々が年貢＝江戸的税金で養われていた。

もうひとつ、幕末になると元々の武士が没落し、武士の身分（御家人株《ごけにん》）もお金で手に入るようになる。事実庶民の家系から、多くの英雄が出た。よく例に出されるのは、一代前、二代前が庶民だった、榎本武揚《たけあき》、坂本龍馬、勝海舟などである。しかし、彼らの身内は身分が低いとはいえ、それなりの地位を持った人たちであった。御家人株の相場は、徒士《かち》組（騎乗を許されぬ下級役人）の御家人でも約三億円にのぼる。

ただ、それほどの額を出せるくらいの家の子や弟や孫であるから、能力的に高い者がかなりいた。しかも、当時の武士たちが重要視せず、学ぼうとしなかった、数学などに精通していた。近代戦、特に海軍は、弾道計算や船の構造計算など数学の力はとても重要であったから、彼らは幕末、海軍などのリーダーとして活躍できた。

御家人株には、階級移動として以外にも実利の面でメリットがあった。幕府の徒士組御家人の年収は約一〇〇〇万円。侍株を買えば永遠にこの収入が続くため、単純計算なら三〇年で元が取れる。身分費用や奉公人を本業で吸収できる商人にとって御家人株は、子孫のための投資でもあったといってよい。

明治維新となり、武士たちが意外にもあっさり、その特権身分?を返上した背景には借金に苦しむ貧しい武士の実態があった。武士が刀や袴のような形式に異様なまでにこだわるのも、実は貧しさの裏返しにすぎない。それがなければ武士としてのアイデンティティを保てなかったからなのである。

代官所と庄屋政治

ドラマの水戸黄門では、助さん格さんが代官所で大暴れをする時、「出会え出会え」という言葉で一〇人ほどの役人が飛び出す。黄門漫遊はもちろんフィクションだが、あの代官所の人数は正確といってよい。代官所の支配地は五万〜一〇万石で、支配地人口も五万〜一〇万人、人口一〇万人を一〇人ほどで管轄するのが当時一般的であった。

もちろん、その人数で行政が行えるわけもなく、代官所の仕事は税務だけ、その他の実務は庄屋に任せていた。出生届など必要な届け出から訴訟にいたるまでみな庄屋が取り仕切り、代官所には報告書が提出されるだけである。

庄屋たちは江戸行政の要であったため、その後も日本政治で重要な役割を果たす。庄屋↓造り酒屋↓県議（地元有力者）↓国会議員と展開した例も多い。本来が庄屋政治で国家や外交よりも、村（地元）に関心が強く、道普請などの公共工事への配分決定が得意であったかもしれない。地元に橋や道を造ったりすることに熱心であったのは当然といえる。この、村の庄屋さんの政治文化から派生した議員の典型的集団が田中角栄、そして竹下登と続く自民党政治の主要な系譜でした。

対して、二一世紀初頭の小泉純一郎さんや田中真紀子さんは、近代になってからの、土木建設業の経営者から生まれた政治手法といってよい。多くの人の上に立つ親方らしく、カリスマ性をもち、名調子の演説で人の心をつかんだ。最近の様子をみると、どうやら、庄屋から派生したものより建築現場の親方から派生した政治家の方がリーダーとして国民の支持を集めている傾向が二一世紀に入ってみられる。

このように歴史の流れ、系譜という広い視野にたって眺めてみると、現代社会においても、意外な発見ができる。単に江戸は歴史の中のものだけでなく、私たちが生きる現代にも脈々と流れている点も考えねばなるまい。

江戸の税金　武士は税金を払っていたのか

「江戸時代は、武士も税金を納めていたのですか？」「江戸時代は言うほど重税ではなかったとききますが本当ですか？」「現代日本は歴史的にみて重税国家ですか？」などと、このごろ、よくきかれる。消費税率の引き上げもあって、増税下で、生活防衛のために、税への関心がたかまっているのかもしれない。

そこで、日本史上の「税」について考えてみたい。もちろん「税」というのは厳密にいえば、近代国民国家からであって、それまでの年貢だの諸役だの冥加金などは、西洋史風にいえば、レント（地代）に近いものであろう。土地に領主がいて、その土地の場所代として、領民から財やサービスをとりたてるのであって、必ずしも支払う領民への反対給付は必要ない。近代国家のように、国民が必要なサービスを提供する目的であつめられるようになってはじめて「税」と厳密には呼べるものであろうと思う。しかし、何かを直接生産している人間から、上にいる国家や権力（領主）さらには、地主などまで含めて、いくぶんかのピンハネをおこなう場合は、それをもって広い意味で「税」と、いえなくもない。ここでは「税」をそういうひろい意味でつかうことにしよう。

江戸時代、武士は税金を納めたか、ということだが、これは「納め方が違った」ともいえるし、「農民のように年貢は納めなかった」ともいえて、歴史学者としては迷う。江戸時代は、身分制社会だから、身分ごとに権利と義務がきまっている。税の納め方も、身分ごとに定められた「役」を負担する社会であったという説明が、学界では、なされることが多い。

つまり、在方（農村）の農民は田畑を耕し、年貢という「役」をつとめる。町方の町人は町の土地にかかってくる「地子《ちし》」を納め、冥加金や御用金を「役」として上納する。浦方（港）で、舟を漕ぐ加子《かこ》は、領主のために軍船を漕ぐなどの「加子役《かこやく》」を提供する。本当に労働奉仕で負担するか、金銭で提供する。

身分に対応した「役」を担う点では、武士も同じであって、武士は戦争に行くための「軍役」が領主・国家への奉仕とされていた。しかし、戦争は、いつもあるわけではない。普段から、戦争に行けるように、槍持ちや馬の口取りなどの奉公人衆をあつめ、だいたい二百石以上になると、長屋門のなかに、軍馬を飼っておくこととされた。それでもって、武士は拝領した武家屋敷に関しては固定資産税にあたる地子をとられることも、年貢をとられることもなかった。

しかし、武士が、別宅や菜園用に、無年貢地（免税地）でない農村の土地を「抱え屋敷」として所有してしまった場合には、その分は、ちゃんと年貢を払わねばならなかった。しかし、武士が年貢を直接払うのは、恰好がつかないから、百姓身分の「請負人」というのをこしらえて、その請負人経由で間接的に支払うことが、おこなわれていた。ただ、免税特権をもつ武士もいた。軍役をつとめるかわりに、年貢を払わなくていい田畑の耕作を認められている半農半士の武士も、完全にいなくなったわけではなかった。とくに、九州南部や東北各地の藩は、戦国時代がおわっても、兵農分離の社会とは程遠く、特権的な農村居住の武士もいて、明治維新のときに、新政府に戊辰戦争や士族反乱で抵抗したのは、この地域の武士たちであった。

こういうと、「なるほど、江戸時代は、平和が続いたから、武士は実質的に税金を払っていなかったんですね。身分に守られて」といわれる。しかし、武士は武士で戦時の「軍役」のかわりに平時の「御奉公」を殿様にささげる義務があった。侍がここにいたら、「武士は思われているほど楽なものではない」と、言い返してくるであろう。

たしかに、武士ほど行動が縛られている身分もない。城下町から出ることすらできない。美作《みまさか》（岡山県）の津山藩などは、城下町のはずれに目印があって、そこから外へ出るには、藩庁の許可が要ったという。私も驚いたことがある。慶應義塾大学に入学して、旧図書館で古文書をみていたら、自分の先祖のいた備中（岡山県）鴨方藩の日記をみつけた。読んでみると、私の玄祖父にあたる「磯田弘道」が書いた藩庁への届出書が、そのまま記載されていた。その内容に、びっくりした。こんな届だったからである。「わたしは病気で欠勤してきましたが、ようやく治ってきました。ついては屋敷の門前を少し歩行いたしたく存じます。この段、お届けいたします」。病気が治って門前を歩くだけで、藩の目付方から「ずる休み」といわれないよう、病後の歩行練習です、と、書類で届け出なければいけなかったのだから、「どれだけ窮屈な世界だ」、とあきれた。武士にとっての殿様への奉公というものは、気のはりつめたものであった。

百姓たちの税の抜け道

ただ、拘束時間は、現代より格段に短かった。たいていの武士はヒマであった。役方といって、藩庁の実務にあたっている役人の武士は、お城に上がる日数が多かった。映画にもなった拙著『武士の家計簿』の猪山家のような御算用者、勘定方の者や側用人、奉行たちが、これにあたる。それでも、現在のサラリーマンのように、月に二十日も登城するのは、まれであった。番方といって、城門を固めたり、御殿の番をしたりするような家柄のある軍事職は、もっと登城回数が少なく、月に十日も勤務日がない。家にいた。

「軍役」をつとめる、といっても、江戸後期になると、動員兵力にあたる武家奉公人を江戸前期の半分いや三分の一の人数も、武家屋敷内に雇っていないのが、普通であった。

軍馬も飼育する数が減ってきていた。このあたりは、拙著の『近世大名家臣団の社会構造』(文春学藝ライブラリー)で詳しく論じておいた。しかし、殿様の方も、「半知」とか「借上」といって、武士への俸禄支給を半分ほどにカットしているところが多かったので、武士が戦時に軍役をつとめられない状況になっていても、だからといって、あからさまにクビになることは、江戸後期にはなくなっていた。

百姓たちは百姓の役である「年貢」を納められない「年貢未進」状態になると、厳しく催促され、取り立てられるのだが、武士は武家屋敷に禄高相応の奉公人の人数を、おいてなかろうと、軍馬を飼っていなかろうと、厳罰に処されることはまずなかった。

国家というものは古今東西、「民のおこたり」には厳しいが、法・権力を握っている自分たちの「おこたり」には甘い。このあたりは、いまの政府や公務員にもあてはまる。たとえば、格安の公務員宿舎提供などが、そうだろう。民間企業が公務員宿舎ほど安く、社宅を提供すれば、それは「給与」の一種とみなされて、所得税を加算される可能性があろう。しかし、公務員の場合は、おそろしく安い家賃で宿舎を利益提供されながら、それが「現物給与」とは、みなされないことになっている。公務員が法を運用しているから、自らには甘くして、厳しい税の取り立てなどはしない仕組みを作っていて、闇給与になっているとの批判もある。

やはり、百姓身分にしてみれば、コメを作った場合の四公六民=四〇%という税率は、厳しいものであった。しかし、百姓にも、税の抜け道があったことを忘れてはならない。

四〇％というのは田畑の「表」作にのみかかる税率であった。たとえば、コメを作った後で、二毛作をおこない「裏」作に、麦を植えつけて収穫した場合、裏作の麦は非課税である。年貢率は〇％で、まったく税をとられない。

そうすると、どうなるか。二毛作ができる温暖な地方は発展する。コメ・麦二毛作は、ため池があって、田んぼの水の出し入れがコントロールできる乾田がひろがる地方でおこないやすい。九州・四国・中国地方などである。ここでは、経済・人口ともに成長する。ところが、湿田が多い地方、新潟と茨城を結んだ線より東北の日本では、江戸時代には、二毛作は少なかった。ここでは、領主の税金は、そのまま重く、のしかかってくる。

百姓が貧しく商人が豊かだった理由

江戸時代は、生産力（付加価値生産）あたりの租税負担率でみると、かなり、不公平な税制がしかれていた時代である。武士身分には御奉公＝殿様への労働サービスをのぞき、税がほとんどかからない。一方、百姓身分の税は重い。同じ百姓身分でも、税の重くなる地域と、そうでもない地域があって、この不公平税制のもとで、西南日本の二毛作地域は税が軽く、江戸時代を通じて発展していったが、比較してみると、東北日本は重税になりやすかった。

山口県の長州藩が一八四〇年代になって『防長風土注進案』という調査をおこなった。これをもとに、慶應義塾大学の西川俊作氏が研究して、長州藩のGDP（国内総生産）あたりの租税負担率は二〇％以下と報告している。表作には四〇％の年貢をとるが、二毛作などに税がかからず、農業部門では税率が三〇％弱になり、さらには、農業以外の商業などには、ほとんど税金がかからなかったので、全体での税率（租税負担率）は二〇％以下であったろうというのである。

現在、租税負担率は二〇％をはるかにこえ、また消費税を増税するわけだから、江戸時代の西日本の藩のほうが、たいした税サービスをしてくれるわけではないにしろ、率でみた税負担は軽かった可能性だってある。

将軍や大名は、土地領主であって、おもに田畑から年貢をとる存在であった。自分の領地で、町人などが旅籠屋をやったり、地主が酒屋やら醤油屋をやって稼いだ金に営業税をかけるのは苦手であり、そもそも、営業税や所得税を主要税と考える発想がなかった。人頭税は、いくつかの藩が考えて実施したところもあるが、猛烈な抵抗で、失敗したところも多く、異例な税と考えられていた。

戦国大名は、田畑一段（反）あたりいくらという農地税もあったが、やはり、いちばん取りやすかったのが、領内の建物数をカウントして、家屋一棟あたりいくら、という棟別銭をとることであったらしく、そうしていた。だから、戦国大名は農業であれ、商業であれ、領民が家屋さえ建ててくれれば、税金をとれた。

しかし、江戸時代になると、「税は主に田畑からとる」制度に傾いており、商業、とくに御用金がかからないような商人には、驚くほど税が軽くなっていた。江戸時代はコメ中心の重農社会のようにみえるけれども、実は、三百年近くかけて、商業優遇税制をずっとやってきたともいえる。百姓がなんとなく貧しく、町場に生まれた豪商がゆたかなのはそのせいもあった。

ごらんの通り、日本の税制は歴史的にみて、平らかな風姿をもっていない。公平性という点よりも、慣習に、のっとりやすい税文化をもっている。わたくしのような歴史学の書生の目には、この国の税制というものは、社会経済や産業の発展方向を考えて戦略的にこしらえられた形跡が、あまりにも、ないように映る。

農業＝農村の税が重く、商業＝都市の税が軽い、という税負担の不公平な仕組みは、なんと昭和初年まで解消されていなかったようである。明治中期まで、農業部門の租税負担率は一二％前後であり、非農業部門の二％のなんと六倍であった。この格差が農業八％対非農業六％にまで平等化してくるのは、一九三五年ごろになってからのことであるとの研究もある（『農業総合研究』49―1）。戦前の農民からとった税金で、東京駅をつくったり、関東大震災後の首都復興をなしとげたりしたわけである。

ところが、昭和戦後は、これが逆転した。節税対策ができない都市住民のサラリーマンの税負担率が重くなり、自営業者や農民の税負担率は、それほどでもないということになった。そのうえ、税金で、地方に、ずいぶん道路や公共事業などがおこなわれたから、さながら大都市サラリーマンの納めた税金が地方に流れ、昭和戦前に、都市に税金を吸い取られた農村が今度は逆に都市から税金を抜き取るようになった。いま流行りの言葉でいえば、田舎が都市に「倍返し」をしたのかもしれない。

大失業時代は幕末武士に学べ

二〇〇一年の夏、私は明治維新期の「武士の家計簿」を含む古文書を、偶然、神田神保町の古書店でみつけ、急いで購入して帰り、あまりに生々しいその内容に驚愕した。まず、三十七年もの間、まんじゅう一つ買ってもつけた完璧な家計簿であることに驚き、また、この古文書が、猪山《いのやま》直之・成之という加賀藩士の親子が、必死になって「維新リストラ」の嵐を生き延びた全記録であることに、二度、驚いた。武士の家計簿は珍しい。町家や農家は家計簿をよくつけるが、武士は滅多につけない。私は日本中の百以上の武家文書を訪ね歩いたが、何のきっかけもなく、武士が恒常的に家計簿をつけていた例は見ていない。古文書を解読していくうち、私は、幕末武士・明治士族の生きざまには、我々も学びとることが沢山あるように思われた。新潮新書から『武士の家計簿』として出版したが、語り尽くせなかったことも多い。

いまの日本は危機である。まず、リストラの不安がある。そのうえ、国や公共団体は大赤字であって、老後の暮らしを守ってくれそうにない。銀行も変なことをしていて、この先どうなるやら知れず、信じられない。このままでは、もっと日本は悪くなるだろう。しかし、自分の生活だけは、なんとか防衛したいものだ……。これが国民の本音であり、人心は不安の極みに達している。しかし、冷静になって考えてみると、このような「危機の時代」を日本人は過去に何度も経験してきた。現代では失業率が五パーセントをこえると大問題になるが、明治初年はそんなものではない。もっと無茶苦茶であった。そもそも、武士は皆、リストラの憂き目にあっている。公務員が全員、一旦、解雇されるようなものであり、明治維新は想像を絶する「大量失業の時代」であったといってよい。それをどうやって生き延びたのか。一人の武士が残した詳細な記録をヒントに考えたい。

年収の二倍もの借金

そもそも、江戸幕府が倒れたとき、日本の総人口は三千五百万人ぐらいであった。そのうち武士身分が、どのぐらい居たかというと、まず世襲の武士家族が約百五十万人（四十二万世帯）いたと考えられる。これに加えて、足軽家族や武家屋敷の奉公人が、おそらく百五十〜二百万人はいただろう。足軽や武家屋敷の奉公人は町や農村の出身者であり、大名や武家に雇われて暮らしていた。つまり、江戸時代は総人口の一〇パーセント程度が武士の世界で暮らしを立てていた。ただ、明治になって「士族」になる世襲武士の比率は意外に少なく、日本人全体の二十人に一人であった。ただ、この士族率には地域によってバラツキがあり、明治維新の勝者となった薩摩藩などは県民の四人に一人が士族になった。郷士まで、ことごとく士族にしたからで、いまだに鹿児島県人は旧士族だらけである。一方、敗者となった東北地方に士族は少ない。戊辰戦争に負け、財政の苦しかった東北諸藩では、上級の武士だけを士族にするところが多かったからである。

ともかく、江戸時代の世襲武士は五パーセント前後であり、それに足軽・奉公人など含めて、総人口の一〇パーセント程度が年貢をもとにした「武士セクター」で食べていたと考えられる。経済学者の西川俊作氏の研究成果から推測するに、幕末段階では、国内総生産の約二五パーセントが年貢として武士のフトコロに入っていたと考えられる。ただ、気をつけておくべきことがある。人口の一〇パーセントで生産の二五パーセントもの富を得ていたはずの幕末武士が、けっして豊かではなく、かえって借金に苦しんでいたという事実である。家計簿をつけていた猪山親子の家も、そうであった。彼らは加賀藩の経理係（御算用者）であり、俸禄は直之の父が知行七十石、直之が四十俵（加賀藩の俵は五斗入）と八両であった。当時の賃金水準をもとに、これを現在の貨幣感覚になおすと、父が五百三十万円、子が七百万円ぐらいの収入になる。つまり世帯収入は千二百三十万円になる。ところが、この家には銀六千二百六十匁、現代感覚で実に二千五百万円もの借金があった。しかも、年一八パーセントの高い利子の、雪だるま式にふえる恐ろしい借金である。

ちなみに、江戸時代のお金は、あの銭形平次の投げ銭「寛永通宝」が、ちょうど我々の五十円という感覚である。幕末インフレ期を除けば、そんなところである。一方、小判は貴重で一両が三十万円。ときどき時代劇で、小判を何枚も賭けている博打シーンがあるが、高額すぎて少しおかしい。また、悪代官の袖に悪徳商人が小判二十五枚を包んだ封金を落とすシーンがあるが、あれは七百五十万円にもなる。まんじゅう箱に小判包みを敷き詰めて賄賂を渡せば三億円にもなり、地方の悪代官はそんな巨大利権をもたないから、やはり変である。

話をもとに戻す。つまり、猪山家には年収の二倍をこえる年利一八パーセントの借金があった。まさに借金地獄である。しかし、これは幕末武士の世界では、ごくありふれた姿であった。たとえば鳥取藩では、藩士たちに年間十万両の俸禄を支給していたが、藩士の借金は総額で二十万両に達している。つまり、鳥取藩士は平均して年収の二倍の借金を抱えていた。明治維新の直前には、武士身分は、ここまで経済的に追い詰められていた。武士の支配は、すでに「死に体」になっていたのである。

なぜ、そうなったのだろうか。一言でいえば「制度要因」である。長年の制度や慣習が悪かった。まず、現代人からすれば、給与制度が無茶である。武士が現代サラリーマンと決定的に違うのは、彼らが世襲集団であり、親も子も同じ組織（家中）に所属する点である。祖父も父も、子も孫も、同じ会社に入社している、そういう社員ばかりで作られた会社を想像していただきたい。人間関係を考えただけでも、かなり恐ろしい。しかも、給料の金額は、親代々ほぼ決まっている。どの家に生まれ、所属しているか。この世襲と所属の原理が、人生の大半を決定する世界である。だから、自分の藩への貢度＝給料にはなっていない。二百五十年もまえの合戦で先祖が立てた手柄とか、そういうものが給料をきめる制度になっていた。だから、有能な者がいて、忙しく出張や単身赴任で出費がかさんでも、それに見合った給料を貰えない場合も多い。江戸詰などを命じられると、国元との二重生活で苦しくなり、借金の山を築く。私が家計簿をみつけた猪山家も、それが原因で大借金を作っていた。

しかし、幕藩体制がつづく限り、この給与制度は改革できない。「先祖が定めたことは絶対変えない」という祖法墨守主義であり、意思決定の中枢は世襲の門閥家老であったから、自分の既得権益を手放すはずはない。明治維新への過程で、水戸藩の藤田東湖が怒り、西郷隆盛が激しく同意し、諸藩の志士たちを決起させたのは、この門閥制度への積年の恨みがあったからである。

「有能な者を役人にせよ（人才登用）」「皆に意見を言わせろ（言路洞開）」「天皇を中心に政権をつくり、欧米列強から国を守れ（尊皇攘夷）」この三本柱の意見は猛烈な支持をあつめ、この一点で幕末明治の日本人は一つになれた。結局、明治維新になってから、

「世襲の俸禄」という給与制度が廃止された。建前上は、有能な者（実際には藩閥の人脈も必要）が政府の役人に登用され、俸給表にもとづいた給料をもらう制度になったのである。

江戸時代の武士が困窮したのは給与制度の欠陥もあったが、あと二つばかり、大きな原因がある。一つは「身分費用」の大きさである。武士身分はその身分に伴う義務があり、それを果たすため、避けられない出費があった。私は、これを身分費用とよんでいる。たとえば、武士は刀を差さなくてはならない。武士の帯刀は権利だと思われているが、これは義務である。男子が生まれると刀（高価である）を買い与えなければならない。外出するにも草履取りを同行するのが義務である。住み込みで雇うから、人件費がかかる。住居は大きな拝領屋敷だから、屋根を直し、壁を塗るたびに修繕費がかかる。親戚や寺との交際費が膨大だ。親代々が知り合いの完全閉鎖社会だから、交際の義理を欠くと、武士は社会的に死ぬ。猪山家の家計簿をみると、親戚に交際費を年間百十六回も支出し、寺へのお布施は今の感覚で十八万円にもなる。

藩金注入、無審査で債権放棄

また、武士が貧乏したもう一つの理由は金融問題による。要するに、武士が借金をすると利子が高く、年利一八パーセント（名目金利）もの利払いになった。大名が八パーセント、庶民同士が一〇パーセントの金利で貸し借りしているときでも、武士への金利は一八パーセントに上乗せされる。武士に金を貸すのは実はハイリスクだった。なんといっても、相手はお侍であり、確実な担保をとったつもりでも、しばしば踏み倒される。商人は俸禄の年貢米を差し押さえようとするのだが、身分制社会のなかで、商人が武士の年貢を横から取り上げるのは至難の業である。蔵役人にリベートをつかませたり役所に訴えたり、とにかくコストがかかり、そんな荒業のできる商人は少ないから、武士の金融の道は狭く、常に金利は高くなる。それで、よほど内情を知った者同士でなければ、恐くて貸し借りができない。

現代の我々は、見知らぬ人間と活発に取引するのを当然と思っている。しかし、人類史的にみれば、見知らぬ人との取引が安全にできる社会は、むしろ異常社会である。いまでも開発途上国では取引が簡単ではない。まず、取引相手をみつけだすのに手間がかかる。広告も交通手段も発達していないから大変だ。かりに取引相手がみつかっても、相手が信用できる保証はない。とにかく、見知らぬ相手との取引には費用がかかりすぎる。こういう地域では、どうしても地縁血縁のファミリー企業の内部取引が中心になり、他人がそれに割り込むにはリベートや饗応など、手間と費用が膨大にかかる。ノーベル経済学賞を受賞したD・ノースは、こういった取引にかかる一切の費用を「取引費用」と名づけ、取引費用が大きな社会では、経済取引そのものが不活発になり経済発展が阻害されると看破した。

江戸時代の日本も、いまに比べ「取引費用」が高くつく社会であった。顔を知った範囲での金融、内部情報による金融が発達していた。交際費を莫大につかいながら行う「お付き合い金融」である。こうして作られた武士の借金は、幕末期には不良債権化していた。そこへアメリカの黒船がやってきた。武士は出陣しないといけないが、借金まみれで、どうにもならない。そこで、不良債権化した武士の借金を処理する必要が生まれた。

前にも触れた鳥取藩が、その典型的な例である。やむなく、藩金を注入し、あるいは債権放棄を貸し方に強要して、武士を救う政策をとった。しかし、藩士の借金には、病気や火事で出来たものもあれば、酒飲みや贅沢三昧で出来たものもある。藩士のなかには、ひどい者もいて、藩が借金を整理してくれれば、今の妻を離縁して「新たに好み通りの女を求め申したき」という不心得者もいた。渓《けい》大《たい》録《ろく》という学者肌の藩士は「かくの如き者は罪にすべき者にて、救うべきものに御座なく」と断じ、どうして出来た借金かを調べず、一律に救済するのはよくない、と藩主に建白している。借金の内容を一つ一つ審査せず、公的資金を注入したり債権放棄を強要すれば、まさにモラル・ハザードになる。しかし、いつの世もしばしば、まともな意見は通らない。

そもそも、当時の鳥取藩には「藩士の借金」を個別に審査する能力も機能もなかった。担当者も士分の者は二人だけで、何百何千という藩士の借金事情を調べることはできない。人員を増やそうにも、金融査定という専門能力をもった藩士は少ない。結局、審査なしの一律救済、「借金棒引きの徳政令」が行われ、苦労して返済した者が損をし、踏み倒すつもりで借りた者が得をした。そして、領民は藩や武士を信用しなくなった。「債権の個別審査」ということが、日本人は伝統的に苦手なのだろうか。私は、幕末の古文書を読みながら、ふと、そんなことを考えてしまう。

大村益次郎がヘッドハント

だが、こんな状態が、いつまでも続くものではない。明治維新の大変革が武士たちを襲う。ただ、家計簿を残した猪山家の偉さは、幕末の混乱をまえにして、二千五百万円相当の借金をスッパリ整理しているところである。蔵書を売り、家具を売り、花嫁の婚礼衣装まで売って、今の一千万円ほどの金をつくり、さらには妻の実家から四百万円もらって、債権者と交渉。のこりの借金を「無利子十年賦」にしてもらうことに成功している。一家を支える猪山直之は小遣いが現代感覚で月に六千円たらずになり、同僚との飲み会にも行けなくなったが、年利一八パーセントの利払いの圧迫からは解放された。「二度と借金地獄には陥るまい」と思ったのだろう。直之は家計簿を自分でつけはじめ、それを百五十九年後に私が再発見して、本に書いた、というわけである。

直之が完璧な家計簿を残せたのには秘密がある。前述のように、彼は「御算用者」とよばれる加賀藩のソロバン役人であった。国家というものは、その時代、その時代で、湯水の如く金を喰う部門をもっている。江戸時代は大奥、明治時代は海軍。さしずめ戦後は土建であろう。加賀藩前田家は百万石だから将軍家の大奥から花嫁がくる。この花嫁は「御守殿様《ごしゅでんさま》」とよばれ大奥から人をつれてきて猛烈に金を使うから、加賀藩は専属のソロバン役人をつける。猪山家の仕事はこのお姫様のソロバン役であった。だから自分の家に帰っても精巧な家計簿をつけ、おそろしく精密な会計記録を残したのである。

だが、武士の世界では算術は「賤業」であり、ソロバン役人は全く馬鹿にされていた。「先祖が利家公と戦場で生死をともにしていたかどうか」。現代人からすれば、まったく奇妙な話だが、江戸時代の武士社会では、こういうことが人間の評価のうえで何より重要とされた。どのような藩の、どのような家に所属しているか。「組織への所属」が重要であり、「個人の能力」は二の次であった。「あの人は代々、大企業A社の部長になる家柄の人である。だから丁寧にお辞儀をしておこう」「あの人は社内でも経理の天才である。頭がいいのに、なんと恥ずかしい仕事をしているのだろう」。現代におきかえて極端にいえば、こうした感覚の社会であった。猪山家の人々は、子供の頃から頭をたたかれながらソロバン技術を叩きこまれ、それでなんとか、武士の世界に居場所を確保していた。

しかし、幕末維新になって、これが一変した。混乱期になると、個人の能力が問われる。そもそも、ソロバン役人がいなければ、軍隊は動かせない。経理など「有司」の実務能力が、重視されるようになった。さげすまれていた猪山家のソロバン能力は一躍、脚光をあびる。幕末、加賀藩は京都に大軍を駐留させたため、藩兵の食料不足に苦しんだ。猪山成之はこれを見事な手腕で解決し、「経理の猪山」として名をあげた。これに目をつけたのが、新政府の軍事的指導者であった大村益次郎である。大村は蘭学医出身で、徹底した合理主義者である。猪山の噂をききつけると、すぐに連れてこさせ、ヘッドハンティングした。というのも、発足当初の新政府は深刻な事態に陥っていたからだ。この革命政府には実務官僚がおらず、西郷や大久保、木戸など天才的な革命政治家だけがいた。

「その頃の政府の顕官は大きな議論を立てることは上手だが、理財会計等の緻密な事柄に事務的才幹を持っている者がなかったので、すなわち君（猪山）を抜擢して、その局に当たらしめたものと思われる（元同僚、井上如苞《じよほう》）」ということであった。

これをきっかけとして、猪山は明治新政府・兵部省の会計係になり、のちには日本の「海軍主計第一号」となる。ちなみに、東京九段の靖国神社の大村益次郎銅像を建てるのに幹事として「人の真似の出来ない尽力」をしたのは、この猪山成之である。

こうして、猪山家はソロバンという特殊技術を武器にして、新しい国家のなかに居場所をつくった。しかし、これまで猪山家を馬鹿にしてきた一般の加賀藩士たちには、つらい日々が待っていた。「武士の大リストラ」がはじまったからである。武士たちの多くは、新時代を生き抜く術を何も持っていなかった。これまで必要とされなかったからである。加賀藩という組織、武士という家に「所属」してさえいれば、俸禄がもらえ生活できた。ところが、明治維新をむかえて、そうはいかなくなった。廃藩で所属していた組織自体が消滅するのだから、家老の家柄とか、士分の家柄とか、そういうことは全く無意味になった。会計計算ができる。外国語がわかる。法律に詳しい。あるいは、かつて志士活動をしていて藩外に人脈やコネがある。こういった個人の「能力」がなければ、新しい明治国家、つまり新政府や県庁の役所には出られず、「官員」としての給料がもらえない。結局、わずかな家禄（士族年金）だけで暮らすことになり、その家禄も、いつ支給が打ち切られるかわからない。

ここから、我々は日本社会で生きるうえでの一つのヒントが得られるかもしれない。日本社会は安定しているときには所属や世襲の原理になりやすいが、一旦、動き始め変革過程に入ると、実力主義・能力主義に急に向かう。そして、危機や変革期が終わると、また元の所属原理にもどる。藩や会社・役所や学校といった、本来実力主義で機能的で居心地の悪い「公共の場」は、いつのまにか、私益を守る閉鎖的な共同体である「暮らしの場」に変わっている。日本史は、これの繰り返しかもしれない。

最後の砦は「家庭の教育」

明治維新で、武士身分が、どのようになっていったのか。国際日本文化研究センターの園田英弘教授は、明治国家になって官職にありつけた士族（郡県の武士）は一六パーセントほどで、のこりの八四パーセントは官職からもれた、と推計されている。

猪山家文書を分析してわかったのだが、この大崩壊の時代、役所に出て勤務できるか、できないかが、士族にとって、まさに天国と地獄の分かれ目であった。猪山家とその親類をみると、まず海軍の主計官になった猪山家の年収は千三百円。対して、役所に出仕できず家禄だけで暮らす親類の年収は五十円であった。現代の感覚でいえば、年収三千九百万円と年収百五十万円。べらぼうな差である。

新政府の役人たちは、理想に燃えて維新政権をつくった。しかし、一旦、政権を手に入れると、自分にとって有利な給与制度をお手盛りでつくり、高給を得た。どうみても、そう言わざるをえない。近代化の途上にある国では、しばしば、国家エリートが一大権威を帯びており、たしかに優秀で成功をおさめる。それゆえに、彼らは高給をとり、一般民衆よりも豪華な生活をおくる。やがて、役人の給料は適正な水準に下がるが、こういう伝統を一度でも経験してしまった国は、官僚へのチェックがききにくく、ながらくその後遺症に苦しめられることになる。近代化のはやかった日本は、ひとあし先に、この病気を発症したにすぎない。

やや余談になってしまった。士族は家禄の百五十万円だけでは、なかなか暮らせない。橋のたもとでドジョウを焼いて売ったり、娘を金持ちの商人に嫁がせて結納金をもらったりする士族が現れた。「加賀乞食」という言葉があるほど、加賀百万石の士族の窮乏はすさまじかった。この石川県士族の不平不満のなかから、大久保利通の脳髄を叩き割って暗殺した犯人が出ている。ちなみに、処刑された暗殺犯の遺体を引き取りにいき、後始末をしたのは、猪山成之であったらしい。『石川県史』の遺体引取人名簿に、その名をみつけた。

現実は変わっても、人の意識は、なかなか変わるものではない。これは歴史の鉄則である。猪山家の親類もそうである。「年収百五十万円」まで追い込まれて、呉服屋をはじめた。しかし、「呉服屋」の看板を表にあげなかった。「商売は賤しい。恥だ」と思っているからである。こんな商売が成功するはずがない。たちまち、大借金ができ、家屋敷を売る羽目になっている。まさに「士族の商法」であり、明治初年の猪山家は海軍省勤務のかたわら、こういう馬鹿な商売をやって失敗する親類縁者の尻ぬぐいに、ひたすら奔走した。

結局、士族は小商いをしても、小さな田畑を耕しても、うまくはいかなかった。だが、士族には生き残りの武器が一つだけ残されていた。それは「教育力」である。なにしろ、武士は三百年来の読書階級であり、知的労働者であった。「士は心を労して国を治める」ものであり、「武士は死ぬまで勉強し続けるものだ。それが仕事だ」という考えは、しっかり共有されていた。そのうえ、親が子供を厳しく教育する伝統がある。

実際、明治士族の「家庭の教育力」は絶大である。猪山家などはすさまじい。父親が横について、子供に習字をやらせる。算術を覚えなければ、父親がソロバンで子供の頭をぶつ。あまりに強くぶつものだから、ソロバンが壊れて、ツブが台所の流しの前まで飛び散った（猪山家の家族書簡による）。この徹底したソロバン教育で、猪山家は「年収三千九百万円」になったのである。次の世代も、子供に家庭教育をほどこし、学校にも通わせて、官僚や軍人にする。そうすれば、高給がもらえ暮らしも立つ。猪山家では、おじいちゃん、直之が幼い孫たちにスパルタ教育を施している。「海軍一等官になるのだ」といって鍛えた。孫たちも必死で勉強し、次々に海軍兵学校に入った。長男は司馬遼太郎『坂の上の雲』の主人公の一人、秋山真之《さねゆき》と同期入学である。日露戦争がはじまると、彼らは軍艦に乗って戦い、そして勝利した。貧乏士族の必死の戦いであったといってよい。

危機の時代にあって、最後の砦になるのは、「家庭と教育、そして勤勉さ」かもしれない。明治の人々を眺めていて、そう思う。明治にかぎらず歴史を永くみても、日本の家庭の教育力というものは相当なものである。猪山家などは匿名で多額の寄付をして育英事業をはじめ、郷土の後進を支えつづけた。これには頭が下がる。日本人は、一旦、向かうべき方向性をつかみ、自分の分担さえわかれば、それを勤勉に反復実行し、猛烈な強みを発揮する。家庭・教育・勤勉さ。この三つさえ残っていれば、個人も社会も、かなりやっていける。

ただ、ひとつだけ、気をつけるべきことがある。教育といっても、生活と出世のためだけにする勉強は、人を幸せにしない。人格高潔な猪山家でさえ、その問題はおきた。猪山直之の孫の一人は日露戦争の最中、軍艦のなかで自死。もう一人は、シーメンス事件という収賄事件で裁かれ、官界を追われている。「身過ぎ世過ぎのためだけに勉強させる」。これでは駄目であるらしい。人間を大切にする視点や、心の余裕。こういった深い哲学を子供に伝えなければ、人間や社会は、どうも妙な方向に行ってしまうようである。

サムライ時代のエコノミクス

日本銀行の黒田東彦《はるひこ》総裁によって、金融の「異次元緩和」が発表されるのを、テレビで見ていた。

黒田総裁がいうリフレ政策「金融の異次元緩和」は、(一)日銀が世間に供給するお金を今後二年間で二倍に増やす、それによってお金の総量を大きくし、(二)物価上昇率を年二%の安定目標までもっていく、それが実現するまで、この政策をつづける、ということであろう。

こうしたリフレ政策について、前任の白川方明《まさあき》総裁が退任の記者会見で「市場を思い通りに動かすという意味であれば、危うさを感じる」「過去の日本や近年の欧米をみると、マネタリーベース(中央銀行の通貨供給量)を増やせば物価が上昇するというリンク(相関関係)は断ち切られている」と述べていた。両者の立場は一八〇度違う。江戸時代にも、こういう対立はあって、いつまでたっても同じなのだと、感慨深かった。

白川前総裁が「過去の日本」というとき、その過去とは、どれぐらい昔までを指すのか知らないが、この発言は退任会見ならではの、多分に政治的な意味合いをもった少々いじわるな発言かもしれない。「市場を思い通りに動かす」ことができるなどとは、黒田総裁もふくめて誰も思っていないだろう。もとより市場は思い通りにはいかないが、日銀の金融政策で、市場を動かす努力はやってみるべきだ、という話を、白川前総裁はすりかえているように感じた。また、後段の、「通貨供給量を増やせば物価が上昇するというリンクは断ち切られている」という前総裁の言葉については、長い間の経済の歴史をみているものからすれば、「それはないだろう」と、直感した。

元禄時代のリフレ政策

歴史をみたい。江戸時代以来の経済現象をずっとみてみると、やはり、通貨供給をふやすと、物価は上がる傾向をみせてきたように思う。

日本史上、お金を増やすことと、物価が上がることの「リンク」、相関関係が、統計的に最初にわかるのは、

——元禄時代

一六九五年から一七一〇年までの十五年間のことである。日本は世界的にみても経済

統計が古くまでたどれる場所のひとつである。

お金の供給量と物価上昇の関係をはじめてみたのは、たしか、日本経済史の岩橋勝さんの四十年ちかくも前に書かれた「徳川時代の貨幣数量」という論文であった。また『日本経済史1　経済社会の成立』に、社会経済史の速水融さんと、大阪大学の宮本又郎さんの共著論文「概説　17―18世紀」があって、かれこれ、三百年ほど前の元禄時代の通貨供給と物価上昇の関係が論じられている。

一六九五年、のちの勘定奉行・荻原重秀《おぎわらしげひで》によって、「元禄の貨幣改鋳」が行われた。これは通貨供給を大々的に増やすものであった。小判の金の含有率を八六％から五六％に、三割ほどへらし、宝永年間にはいると、さらに銀貨の銀の含有率も減らして（宝永三年の改鋳）、さらに通貨が増やされた。このとき、金貨と銀貨をあわせて、貨幣供給残高が八五％ほど増加したと見積もられている。

その結果、物価の動向は、どうなったのか。これも、岩橋勝さんの『近世物価史の研究』が参考になるのだが、大坂・広島・江戸・名古屋の米価指数の単純平均でみると、一六九五年から一七一〇年までの約十五年間で、当時は消費者物価指数がないので米価であるが、物価は一五％ほどふえたにすぎない。村井淳志さんの研究のように、このころ名目の物価上昇率は年三％との説もある。

このように、マイルドなインフレですんだのには、理由がある。元禄までの日本は、とくに西日本を中心にして、新田開発が急速にすすみ、人口も年率〇・五％前後で成長し、経済規模も急速に伸びてきていた。大坂廻米といって、西国の大名たちが新田開発で増やした年貢米などを、どんどん大坂市場に送ってくるようになって、京大坂を中心に経済活動が活発になってきていた。

ところが、江戸幕府は経済拡大にあわせて通貨を増やそうとしなかった。そのうち、日本の金山・銀山が枯れ気味になり、生糸を買うのに金銀も国外に流れて、経済規模、通貨需要に比して、通貨が足りないデフレ・ギャップになってきていた。ここで、通貨の供給量を増やすのは程度にもよるが間違った政策ではなかった。実際、貨幣の改鋳で、貨幣供給残高を八五％も増やしても、名目一〜三％ほどの物価上昇にしかならなかったというわけである。

元禄改鋳で通貨供給量がふやされたことによって、当時の大坂は活気づいた。文化も花開いた。井原西鶴や近松門左衛門は、いずれも江戸ではなくこの時期の大坂など「上方」で活躍した。歌舞伎の坂田藤十郎なども、そうである。都市文化が開花して、人々が、貨幣をつかって、芝居小屋で派手に遊んだから、竹本義太夫や藤十郎が生まれ、その背後にある近松などの文芸が生まれた。

現在の経済史家の意見を総合すると、このころの通貨政策は、元禄改鋳まではやってよかったけれども、一七〇七年の宝永大地震・富士山噴火の対策で、一七一〇年から、また「宝永の改鋳」をやって幕府財政の補てんを図ったのは、まずかったというものだ。運悪く、そのころ、西日本で凶作がおき、ほんとうに過剰なインフレがおきてしまった。

元禄改鋳はデフレ退治に効果をしめしたけれども、宝永改鋳はやりすぎであった。

一七〇〇年前後の状況は、ほんとうに平成の日本とよく似ている。まず日本の人口が三千万人になって峠にきた。そして幕府（中央政府）が財政難をかかえたところに、未曾有の大地震が起きて対応をせまられている構図は、現在とそっくりである。またリフレ派とデフレ派の対立があるのも同じだ。元禄・宝永の改鋳＝リフレ政策を指揮したのは、さきにも述べた勘定奉行・荻原重秀である。これを批判し、鋭く対立したのが、新井白石である。この荻原と白石の対立は、ほんとうに激しいものであった。

　だから、私は、黒田新総裁が、会見しているのをみて、一抹の不安をおぼえた。

　私にはトラウマがある。二十歳そこそこの学生の時、ふとしたことから、教授に大学の貴重書室につれていかれ、その古文書をみた。それはほんとうに長大な書状であった。広い部屋の端から端までとどいて、なお余るような長さであった。その書状をひらいて、元におさめる作業を手伝った。それは、新井白石が、通貨政策で対立する荻原重秀を失脚させるために、荻原の悪事を渾身で書きつらねた弾劾《だんがい》書であった。白石は三回にわたって、荻原を追い落とすための弾劾をおこない、ついに三回目にして、荻原を勘定奉行から失脚させた。荻原は「自分には非がない」と、食を絶ち、壮絶な餓死をとげたとされる。

　私は、はじめて、人を殺した古文書を手に持っているという感覚に耐えられなくなり、目の前がくらくらした。白石の自筆のもので、その筆跡の墨痕は、いまなお異様な殺気を放っていた。白石というのは、顔面の眉間に肉の隆起があり、怒れば、ますます盛り上がって、それが「火」という字にみえた。まさに、鬼のような形相であったという。あの日のことは、いまも忘れることができない。

天才経済官僚・荻原重秀の悲劇

日本史上、黒田新総裁のように、旧例に反して通貨を増やす政策を強行した人物は、たとえその政策が正しくとも、あとで恨みを買い、ほぼ失脚してきた。歴史書のうえでも「悪者」にされてきた。田沼意次《おきつぐ》も似たようなものだ。日銀という組織の文化も考えておかねばならない。日銀は理性的に考えると不思議にみえるほどに、「円」を増やして円安にするような政策を嫌ってきた。そういう組織文化のようなものがあったとしか思えない。やはり、日銀は「円の番人」というように、そもそも明治十五年の設立当初から、通貨「円」の安定を目的におかれた組織なのではないか、というのは、われわれが考えておくべきことであろう。

振り返れば、戊辰戦争から国立銀行条例の時代、つまり、明治初年は、通貨が日本中で乱発されるアナーキーな時代であった。藩札・太政官札があり、西郷隆盛軍までもが私的に西南戦争で「西郷札」を発行し、さらには地方銀行が銀行券を、ばらばらに発券した。日本中で紙幣や紙幣もどきの通貨が乱発され、にっちもさっちもいかなくなっていたところに、これではいけないということで、唯一のお金を発行できる銀行として、日本銀行がつくられた。三年後には、日本銀行券は銀貨と交換できるようになって、明治日本はようやく「円を安定」させたのである。この組織的自負は、第二次大戦後のインフレやオイルショックのときまで、ずっとあったように思われる。「インフレ退治」の正義の味方として振る舞い、大規模な通貨増は「異次元」であるような伝統が形成されてきたのではないか。

経済史が語られる場合にも、新井白石や松平定信が「清廉潔白な正義者」であって、彼らと対立した荻原重秀や田沼意次は、わいろにまみれた「経済通の悪者」としてのイメージが焼き付けられ、リフレ政策をやった人間が終わりをまっとうしたことが少ないように思える。

だから黒田新総裁の掲げる「異次元の金融緩和」は、たぶん、その方向性は正しいと思われるのだけれども、果たして、国民意識や気が変わりやすい世論が最後まで、この政策を支持し続けるか心配になる。途中で苦痛をともなったり、不祥事が生じると、たちまちにして、国民は変わってしまう。これほどの改革をやるときに、改革の主人である国民が、改革者に対して、最後まで信をおいて支持を貫けるか、歴史家としては心配になるのである。

『三王外記《さんのうがいき》』という書物に、荻原重秀は「貨幣は国家が造る所、瓦礫《がれき》を以ってこれに代《か》えるといえども、まさに行うべし。今、鋳するところの銅銭、悪薄といえどもなお、紙鈔《しょう》に勝る。これ遂行すべし」といったと伝えられる。「お金は国家が作るものである。瓦礫でもってお金に換えても断固として発行を行うべきものである。いま、鋳造している銅銭はペラペラだが紙幣には勝っている。断固として発行しよう」。荻原はそういった。通貨は発行する国家への信頼が強力であれば、たとえ瓦礫で造っても通用させることができる。これほど時代を超越した通貨思想をはっきり主張した人物は、いない。世界的に見ても先進的である。惜しむらくは、新井白石は、多量の著作をのこして、その経済思想を知りうるのに対し、荻原は、その超絶した経済思想を文字に残さず、この世から消えたことである。絶食して死ぬ前に、その考えを自ら文字にしていれば、世界的な経済思想家として今日に記憶されていたであろう。

荻原は、前近代人であるにもかかわらず、貨幣のもつ神秘性、犯しがたい貴さが、金銀などの貴金属によって担保されるというドグマ・思い込みから自由であった。彼だけが「金銀は神ではない。国家の信用が神なのだ」という現代的な通貨の本質に目覚めていた。通貨にとって、神となるのは通貨を発行している発行元＝国家の信用力であると看破していたところに、私は、荻原の天才性＝時代からの超絶をみる。

荻原の時代は、現代よりも、通貨を世の中に出回らせるのは、容易であった。いまは日銀がマネタリーベースを民間銀行に向けて増やしても、お金がブタ積み（超過準備）の状態になってしまって、民間銀行から先の世間に、なかなかお金が出回らない。馬（世間）に水（金）を飲ませたくても、馬（世間）は飲みたいだけしか水（金）を飲まない、ということになる。ＦＲＢ（米連邦準備制度理事会）のバーナンキ議長（当時）が、冗談っぽく言うように、「ヘリコプターから世間にお金を散布する」わけにはいかないのである。

しかし、荻原の生きた元禄時代は、世間にお金を出回らせるのは簡単であった。将軍が、お金をたくさん鋳造して、お寺を建立するなどの公共事業をやって消費すれば、世の中にお金が出回る。

荻原の時の将軍は徳川綱吉である。綱吉は、一六九五年の「元禄の改鋳」の直前に奈良の大仏の修復と、現在に伝わる大仏殿の建立を行った。これも一つの要因になって、綱吉政権はお金がなくなり、財政補てんのために通貨を増やした面がある。綱吉は小判をどんどん作らせ、そのお金を材木問屋や大工・左官たちにばらまいて、江戸の護国寺に巨大な本堂や仁王門を建てた。さらには寛永寺にも大きな本堂を作らせ、死ぬと自分の霊廟まで建立した。大仏殿や寛永寺は経済史的にいえば「通貨供給の残骸」とみることもできる。

しかし、綱吉は寺を造りすぎた。寺はその教育機能をのぞけば、生産財ではなく、次の生産、経済成長には直結しない部門であり、それへの支出は消費のたぐいである。なぜ綱吉政権が、ここまでひどく造寺造仏に執心したかといえば、母親の桂昌院への思慕が強かったためだ。その桂昌院が京都の出身で信心深く、側近が栄達の為にそれを妨げなかった面がある。

気の毒なことに、勘定奉行の荻原は、無駄な公共事業が好きな浪費政権の金策に走り回らざるをえなかった。そこに宝永大地震がやってきた。地震が起きれば、この政権はさらに神仏に祈らねばならぬと考えた。それで綱吉政権はその末期から、綱吉死後にかけて、財政補てんを目的にした過剰な改鋳を繰り返し、宝永期（一七〇四〜一一）になると、通貨の供給過剰がおき、凶作が何度か起きたこともあって、物価上昇も限度をこえるようになってしまった。その意味では、荻原の政策にも非はある。

荻原から学べることは、第一には、政府の財政を補てんする目的で通貨を増やすのは愚策だということである。第二には、次の生産活動につながらない、非効率で、生産性の高くない分野や、文字通り無駄な公共事業に、増やした通貨を投入する政策をとってはならない、ということでもある。

それで結局、綱吉の次の将軍・家宣《いえのぶ》が病気で弱って、後ろ盾をうしなうと、荻原は新井白石の目論見通り、失脚させられた。そして、憤激のうちに死んだ。

大インテリ新井白石の錯誤

白石は、荻原を抹殺したあと、荻原とは逆の経済政策をはじめた。小判の金含有量を上げ、貨幣供給量を絞り込んだ。当然、物価は下がった。デフレである。日銀の白川前総裁の「通貨供給量と物価の関係（リンク）は断ち切られている」との発言があったが、現代はいざ知らず、こと江戸時代に関していえば、貨幣改鋳にともなう通貨供給事情の変化に、物価は割合敏感に反応している。三井文庫では、三井越後屋でやりとりされた古文書などを保存しているが、それをみると、幕府の通貨政策の動向を、三井では詳細につかもうとし、その情報を本店・支店の間で知らせ合っている。事実、白石が、荻原リフレを否定し、逆コースをとったため、近世史研究者の故・大石慎三郎の言葉をかりれば、「白石デフレ」がおきた。白石の政策が経済に影響した正徳年間（一七一一〜一六）は、物価は安定か下落傾向にあった。

さらに、白石で見逃せないのは、海外貿易を抑制・制限する政策をとった点であろう。当時の日本で、白石ほど地球的規模での知識と、それにもとづく思索の広さを兼ね備えた人物はいなかった。その地球規模の知識への自信が、実地経験から独自の経済発想をもつにいたった天才児荻原を否定し、抹殺するに至ったといえなくもない。

その白石は海外貿易が、金銀、とくに銀を流出させることに危惧をいだいた。金銀が日本からなくなってしまえば、大変なことになると考えたのである。それで、貿易新令などを出して、長崎の貿易量を制限・抑制する。とくに貴金属の輸出を抑えようとした。これをやれば、金銀など貴金属の流出は止められるかもしれないが、もともと社会経済上の必要があって、貿易をしているわけである。通貨は減らす、貿易を制限する、では、長期的にみて、経済によいはずがない。また、過小評価できないのが、知識技術導入への悪影響である。日本人の海外渡航が禁止されている江戸時代、長崎の活気は重要であった。西洋の知識・情報・技術を入れるためにも、大切なことであった。

白石が心配したように、長崎から貿易で、日本の金銀がみな出て行ってしまうおそれがあったかといえば、現実問題として、そんなことはなかったであろう。経済史家の研究もそれを明らかにしている。白石の時代には、中国から輸入してきた生糸も、国内での生産代替がすすんでいた。昔のように日本が金銀山で掘った金銀で、中国から生糸を輸入して京都で豪華な織物をつくるような時代ではなくなってきていた。

このように、経済政策というのは、しばしば、政策担当者の狭い視野の「おそれ」からくる誤解にもとづいて行われる。いまの異次元金融緩和も、そんなに通貨を供給したら、ハイパーインフレ・狂乱物価がおきるという危惧をのべる向きもなくはなかった。「異次元」とは、いっているけれども、物価上昇率目標（インフレターゲット）二％などというのは、他の先進諸国では、ずいぶん前からやっていることであって、実は、異次元でもなんでもなく「普通」の緩和をやったにすぎないのかもしれない。

白石にしても、ちょっと前までの日銀にしても、このような「行き過ぎたおそれ」が生じるのは、やはり、この国が孤立した島国であり、よそでは考えられない独特な「おそれ」「しきたり」が生じ、しばしば、それに基づいて、政策が行われてしまうことと、無関係ではない。日本で政策を担当する者は、それを自覚しておいた方がよい。しかし白石政府（幕府）の財政を補てんする目的で、通貨政策をとってはならない。しかし白石のように貿易の制限を行いながらデフレ政策をとるというのも問題がある。そういう歴史の教訓をふまえたうえで、知りたいのは、通貨政策は、なにを基準に進めればよいのか、ということである。この点で参考になるのが、田沼意次のとった経済・通貨政策ではなかろうか。

税制改革で失脚した田沼意次

田沼の通貨政策は、たくみであった。手練《てだ》れであったといっていい。手練れていたのは、田沼自身というより、田沼が取り立てた勘定奉行・川井久敬《かわいひさたか》とその配下の者たちであったろう。江戸時代は「三貨制度」といって、金・銀・銭（鉄や銅）で貨幣が成り立っていた。東日本は一両とか額面が書いてある金小判、西日本は重さをはかって使う銀貨（実際には銅との合金）である。ただ、日常全国で使われるのは、小判ではない。もっと少額の貨幣だ。まずは銭であり、江戸も末期になると、藩が発行する紙幣（藩札）になっていった。藩札は幕府の許可を得て藩が発行する。

問題なのは、西日本と東日本で、通貨体系が違うことと、東アジアの国際貿易決済は、基本的に銀であったことだ。将軍様のお膝元の江戸などで使っている貨幣は金であって、貿易などをする大坂・長崎では銀であるということでは不都合である。第一、日本の西と東で通貨が違い、西では、いちいち銀貨の重さを秤ではかって使わなければならないというのは、不便で仕方がない。

おそらく、ここは田沼も大きな野望をいだいたと想像されるのだが、「南鐐《なんりよう》二朱銀」というのを造って全国に通用させた。金貨の代わりとして銀でつくった貨幣である。ちょうど使い勝手のよい金額「二朱」と額面を刻み込んだ「銀」をこしらえたのである。しかも、貨幣の頭に中国の良質の銀がとれる場所の地名「南鐐」をつけている。これをもって、田沼はひろくこの銀を東アジア貿易にも使う通貨として普及させようとしたと見る向きもある。

田沼は、白石と違って、明らかに、貿易の振興策をとった。通貨政策についても、貿易振興に有利な地歩を、国家が準備するような思想でもって設計した。ここが大切なところである。通貨それ自体が、大切なのではない。当たり前だが、通貨は、貿易や経済活動のための手段であって、目的ではない。国家のそのときの経済状態で、通貨量が多いほうがいいと思えば、増やせばよく、逆なら減らせばよい。国家の経済活動にとって、「円安」が全体的に見て、好ましいとなれば、そのように考えればよく、逆もありえる。要するに、経済活動、交換・貿易を行ううえで「有利な地歩」を人々に提供するのが、経済政策の眼目であろう。しかし、しばしばこれは徹底されない。

その意味でいえば、今のこの国の中央銀行は円高を長く放置しすぎたのではないか。東アジアの追い上げがはじまるなかで、輸出産業の競争力を考えれば、すこし辛抱しても、円は安めにして、株価の維持もはかっておく配慮が、いま少し働いてもよかったのではないか。私のような古文書屋の目から見ても、周辺諸国は、そのあたりはかなり自己本位に考えて経済ゲームをしているように感じられる。

さて田沼は、あらゆる手段で幕府財政を安定させようとした。国内での産物調査をさせ、蝦夷地など、従来では考えられない新境地《フロンティア》に着目して、生産力をひきだそうとした。もうひとつ、税制の面でも田沼はフロンティアをひらこうとした。

幕府は土地領主の政権であるから、その収入は、おもに農地からの年貢である。領民が、領地内で営業活動をしたからといって、営業税をふんだんにとりあげることはない。いってみれば、大家が店子《たなこ》に部屋を貸したときに似ている。大家は店子から家賃だけはとる。しかし、店子が貸した部屋のなかで封筒貼りのアルバイトをしても、そのアルバイト料からいくばくかの金をとりあげることはできないのと同じだ。ようするに、幕府や大名という土地領主は地代をとるものであって、運上《うんじよう》・冥加《みようが》やら小物成《こものなり》やら「雑税」のようなものを少々とることはあるが、領国内でなされる付加価値生産すべてについて、当然に課税権をもっているというわけではない。ここが近代国民国家とは決定的に違うのである。

田沼はそれに挑戦した。江戸時代は後期になるにつれ、GDPの内訳が大きくかわってきていた。農業部門は少ししか大きくならないのだが、農業以外の、醸造業やほかの製造業・サービス業などが肥大化してきていた。ここから、きちんと税をとる制度をつくれていないため、幕府も藩も苦しんでいたのである。田沼は商人に「株仲間」を結成させ、そこから「冥加金」をとることを考えたが、商人との結託だ、わいろ政治だとの世論が湧くなか、相次ぐ天災と政敵の活動で、政治生命を絶たれたのである。

その時代の社会経済構造にあった税制の設計ということは、重要なのだが、この国では新たな負担へのアレルギーが強い。農民一揆も多くは新たな課税の撤回要求である。民主党政権の崩壊にしても、そうである。菅直人首相が、消費税率引き上げに国民の大半が賛成との調査結果をみて参議院選挙で掲げ、大敗し「ねじれ国会」が生まれたのが、つまずきの始まりだった。日本では新税が難しい。税に手を染める政権は崩壊、失脚した例が少なくない。

改革者・山田方谷を支えたものは

では、江戸時代に成功した改革はないのか。完全な改革はないだろうが、藩単位での小さな改革には参考になりそうなものがある。幕末の備中松山藩、山田方谷《ほうこく》の改革などは紹介しておいてよいのではなかろうか。方谷の改革も、もはや農地・米（古い経済セクター）に依存した経済・財政ではだめだ、と認識するところからはじまっている。

一言でいえば、藩が領外輸出に有利な地歩を領民に提供しながら、領民とともに豊かになっていく、という政策を考えた。それで、どうしたかというと、まずは通貨政策である。

「理財の第一は交鈔《こうしょう》（紙幣）にあり」といった方谷は、藩が乱発した信用のない藩札をなけなしの金でまず買い集め、城下町ちかくの河原に山積みして見物人がいる前で焼き捨てた。そして、新しい銀と確実に交換可能な新藩札を発行し、これを藩内で新産業を興す元手とした。

具体的には、鉄製品、備中鍬《びっちゅうぐわ》とタバコであった。たとえば、砂鉄をとったり、製錬するための設備投資、タバコ栽培をする農民の元手として、この新藩札で貸し付けた。起業を奨励し、生産性の高い、競争力のある生産主体をつくろうとした。

新しい競争力のある製品を作ろうとする者に狙いを定めて、藩がお金を注入するのだから効率がいい。そのかわり不生産部門である武士には倹約を徹底した。そうしておいて、備中鍬などの鉄製品を、藩が専売品として売って収入を得るのだが、大坂商人などに利益を吸い取られないように、藩が慎重に江戸に直送して売った。備中鍬は深く耕せる。関東の広い畑、浅間山の火山灰などで酸性化した土壌を反転するのに備中鍬は活躍した。生産財を売れば、購入者がゆたかになってまた買ってくれる。それで十年足らずのうちに備中松山藩五万石は十万両の借金を片付け、逆に、十万両の貯蓄金を積み上げてしまった。専売制度をやったが、他藩のように一揆が頻発することもなかった。

方谷の改革からみえることは何だろうか。（一）領内経済の生産性を高めるためにあらゆる手をつかった。（二）通貨政策を領外輸出産業を育成する目的にからめて行った。（三）販売競争力のある新産業に公的な投資資金を効率よく入れる。（四）利益が特権商人に中抜きをされるのを防いだ。

経済政策は、官僚化した組織がやりがちな、これまでのいきがかりや制度の延長上で考えてはいけない。「物をかきわけて見よ。雑草が茂っているそのなかに、真っ直ぐな一本の（改革の）道が通っている」と、方谷は言っている。活路はこれまでにない経済制度の創出にある。

何より方谷は「士民撫育《ぶいく》」を掲げた。経済改革の最終目標を、藩財政の再建でなく、武士領民の福祉の実現においた。そのための手段として通貨があり、国内に生産効率の良い競争力のある経済主体をつくろうとしたのである。

最後に安倍総理に提言したい。方谷の改革が成功したのは、陽明学者として人格もすぐれた方谷自身の力も大きかったが、農民出身の方谷を執政にとりたて、これを信じて任せつづけた藩主・板倉勝静《かつきよ》（松平定信の孫）の不動の心も大きい。改革の成否はやはり人にある。

「賢を任ずるに弐《うたが》うこと勿《なか》れ」とは「平成」の出典である書経・大禹謨《だいうぼ》の言葉である。明君とされる大名は皆これを心に刻んで改革を任せた者を信じ、門閥家臣の不満が噴出しても、これを守り抜いて功をなした。改革者を途中で切ることなく、初心を貫く覚悟が必要である。

日本型組織「濃尾システム」の謎

司馬遼太郎さんが急逝されたとき、机のうえには、書きかけの状態で、『濃尾参州記』の原稿と資料が残されていたという。それをきいたとき、私は「さすが司馬さんだ」と思った。

――美濃・尾張・三河……。信長・秀吉・家康を生んだ濃尾平野。

司馬さんはこれを書こうとして果たせず、倒れた。ペンで書き残されていた最期の言葉はこうである。「信玄はこのあと三河に攻め入ったが、野田城包囲の陣中で病を得、軍を故郷にかえす途次、死ぬ。死は、秘された」。ここまで書いて、司馬さんの筆は絶えている。濃尾参州を眼前にして、ついにそこに入れず、無念の死をとげた信玄。その信玄に自らを重ねた深夜、司馬さんの体は床に崩れ落ちた。司馬さんの腹部の動脈瘤の破裂が、もう少し遅れたなら、我々はこの原稿をすべて読めたに違いなく、私にはそれが悔やまれてならない。

ただ、司馬さんが最期に何を考えておられたのか、おぼろげながらわかるような気がする。晩年、司馬さんは、土地バブルに踊り、おかしくなっていった日本人を憂えておられた。実は、土地問題にかぎらず、いまの日本と日本人の問題を歴史的につきつめていけば、――江戸時代のこと――を考えざるをえなくなる。さらに、江戸時代のことを考えようとすれば、――濃尾平野のこと――を考えざるをえない。なぜか。

「日本の江戸時代は濃尾平野で創られた」からである。江戸時代。今日、学術的には「近世」とよばれるこの時代に、いまの日本人の意識原型ができた。近世に、日本社会の前提条件、根っこの構造ができたといっていい。司馬さんは、最後に、信長・秀吉・家康の生まれた濃尾平野を歩き、日本人のもとをつくった「近世のはじまり」を書こうとしておられたのであろう。

「家の墓」も江戸から広まった

濃尾平野にうまれた「近世」は、想像以上に、我々の社会を規定している。実際、現代日本をみると、江戸時代にルーツを持つもので溢れていることに気づく。私の書斎は墓場に近く、例えば、いまこの原稿を書いている窓からも、お彼岸の墓参りをする人々の車列がみえるが、これも近世の産物である。

――墓石をもつ

ということが、あまねく広がったのは江戸期のこと。中世には、庶民がぞろぞろと墓地に列なる風景はない。墓石をもち、連綿とつづく「家」をもつのは、社会上流にかぎられていた。中世の供養は木製の卒塔婆である。卒塔婆が朽ちれば、死者も忘れられる。小林秀雄のいう、まさに「無常」の世界が中世であった。家制度がごく庶民にまで普及した時期については、学界でも諸説があるが、私は、赤穂浪士が討ち入りをした元禄前後からではないかと思っている。寛文・延宝ときて、元禄ごろから、「庶民の墓」が爆発的に増えるからである。先祖の霊を信じ、それを家の守り神として崇め、家名は代々連綿と続くものと考えて、万世一系の子孫が「家の墓」を永遠に守る。江戸時代から、こういう思想が日本人の全体をおおいはじめた。人間は「永遠」という絵空事を、常に求める生き物である。地球上には、永遠を神にもとめたり、愛にもとめたり、いろいろな価値観が存在しているが、近世の日本人は永遠を「家」にもとめることにしたらしい。そして、みなが、石の墓をたてはじめた。ダイヤモンドは「愛は永遠」の象徴、墓石は「家は永遠」の象徴である。

「家は永遠」という話になると、

――世襲

が当然視される。今日、「議員の世襲」が話題にされるが、この根源も、直接的には、江戸時代にあるといってよい。ある社会の「政治文化」は一朝一夕には変わらない。現代日本の政治家は、なぜか自分たちを「武士」に重ねるが、日本の議会政治をみるかぎり、武家の政治文化の影響はあまりみえない。日本の場合、
——政界は農村社会の政治文化。官界と銀行界に武家社会の政治文化の影響が強い。
永田町では、派閥のことを「ムラ」とよび、自分の選挙区を「票田」とよび、選挙のための日常活動を「田の草取り」などというが、これなど日本政界の文化が農村に根ざしていることをよく示している。明治になって、議会制度ができたとき、士族などは、すぐに議会から消えていった。議員として定着していったのは、旧名主の地主たちであった。広大な山林と田畑をもち、しばしば、造り酒屋や醤油屋を兼ね、村々の寄合を主導した。江戸時代、名主は互選や輪番もあったが、たいていは世襲であった。主に、その人たちが、村や町、あるいは国や県の議事堂に入った。江戸時代、三百年ちかく、名主の世襲政治でうまくやってきたから、まるで、自分の田んぼを相続するかのように、選挙区を世襲して、父親と同じ派閥ムラに入れてもらうムラ寄合の政治が、長く続いてきた。「政治というものは、きまった家の人がやるものときまっている。政治はあの家の家業である」。この考えが日本人の脳に刷り込まれている。「そうしなさい」と言葉で誰かが命じたわけでもないのに、みんながそうしてしまう。これを無意識下の意識とい
い、歴史学の世界では、
——マンタリテ
とよんでいる。ある集団に共有された無意識の意識であり、恐ろしくも人間は、理性

的判断よりも、この無意識下の先入意識に操られていることが多い。誰に命じられなくても、なぜか我々は墓参りに行くし、いつも世襲議員が当選している。

今もって、日本人は「家」にたいするこだわりが強い。そういうと、一見、意外であるが、意識調査の結果をみると、やはり我々は江戸時代以来のマンタリテの世界に生きている。茶髪の若者たちも「お墓参りには行くものだ」と考えているし、「できれば親の面倒はみたい」と答える。欧米では、二十歳にもなれば、大学の学費は自分で調達するのがふつうであるが、日本では親が払うのが、当たり前になっている。お金の流れは、家族の関係を正直に反映すると言っていい。揺らいでいると言われても、日本では、家という単位、親子のタテ関係が、いまだに強固な結びつきをもっているのは間違いない。個人という単位、夫婦のヨコ関係が、結びつきの基本になっている欧米社会とは基本的に異なる。家族社会学者が指摘するように、欧米では父母が仲良くダブルベッドで寝て、幼児は別室の暗闇で一人さびしく寝る。日本では、親子は川の字になって一緒に寝る。歴史的にできた何気ない習慣。たぶん、こういうことが、我々の無意識下の意識をつくっている。だから結局のところ、日本と日本人を知るには、その基層意識をつくった江戸時代にさかのぼって、我々自身を「腑分け」するしかない。

中世の主従は「よばれたらいくよ」

「江戸時代は濃尾平野で創られた」と述べた。近世は織田信長が創ったと言われる。しかし、もっと深く考えたい。歴史は英雄一人が作るわけではない。とくに、近代以前の社会では、戦争と農業のやり方が、しばしば歴史を作る。戦争形態が政権のかたちをきめ、農業形態が生活のかたちをきめる。思うに、日本の近世社会は「火縄銃」と「家族農業」が作った。火縄銃の時代、戦争に勝とうとすれば、権力のかたちは、

——密集突撃軍団

にならざるをえない。世界中の軍事史家の言を待つまでもなく、これは明らかである。火縄銃は殺傷距離が百五十メートルたらず、一分に数発しか発射できない。火力としては実に弱く、騎馬武者の突撃を完全には封殺できない。だから、いくさは、槍と騎馬が主役のまま、それに火縄銃がそえられる形態になる。ちなみに、最近の軍事史の諸成果によれば、射程五百メートルをこえるライフル銃が出現した段階で、騎馬や槍が戦場から消えるらしい。

こういう火縄銃段階の戦争で勝つには、一つの方法しかない。撃たれても斬られても、大将のまわりをはなれず、ぐんぐん前へ押し出していく。逃げずに、そういう密集突撃をやってくれる忠誠度の高い軍団を作ることである。事実、その軍団を作った男たちが

いた。十六世紀のおわり、濃尾平野にそれは出現した。それを発明したのは織田信長であり、それを大規模化し、全国展開させたのが、秀吉であり、徳川家康であった。もちろん、火縄銃もたくさん数をそろえて、銃手の肩がふれあうほどの密集隊形で集中発射させる。そういう新タイプの軍団が濃尾平野に出現した。

それまでの中世的な軍団は、戦場からすぐ逃げるのが常であった。中世の軍記物を読んで、気づくことがある。戦陣に出発するときは、何千余騎、何万余騎という大軍であるが、一旦、負け戦になると、大将のまわりには、たちまち人がいなくなり、「わずか四、五騎ばかりになりて、落ちにけり」という悲惨な話になる。どうしてこうなるのか。中世の軍団は、寄せ集めだからである。中世の主従制は、簡単にいえば「よばれたらいくよ主従制」と言っていい。これを理解するには、中世芸能たる狂言をみればよい。狂言ではきまって、最初に「太郎冠者あるかァ」と主人が家来をよぶ。家来はよばないとこない。よんでもなかなかこないので、きてくれると主人は「めんのう（思いがけず）早かった」という。そのうえ、家来は主人に忠誠を尽くすどころか、しょっちゅう主人をだまして、酒を盗み飲んだり、こっそり飴をなめたり、まったく油断もすきもない。

——中世は「私」の乱立した社会

それぞれが生き生きとして自分勝手をやる。主従関係もそうであり、それぞれが砦を築いて「小さな領主」として割拠している。「いざ鎌倉」というように、「さあ、これから合戦をするぞ」というときだけ、こういう小さな領主があつめられて軍団が編成される。武田信玄の場合をいえば、むかで衆という伝令が馬を飛ばして、甲斐・信濃の谷ごとに住んでいる土豪たちをあつめてくる。あつまると、甲斐武田源氏の神聖な旗と鎧のまえで、「えい。えい。おう」と結団式をやって、ぞろぞろ出陣する。陸奥の伊達、安芸の毛利、都から遠い辺境地域の戦国大名たちは、こうした中世的な軍団であった。

こういう中世軍団は動きが鈍くなりがちで、決戦には向かない。いざ合戦がはじまると、旗色がよければ、恩賞を目当てに好き勝手に戦うが、少しでも旗色が悪くなると、あっという間に、自分の村に逃げ帰る。こういう忠誠度と求心力の低い軍団である。総大将はこわくて、平地で軍団を激突させる決戦主義をとれない。下手に決戦すると、自分が討ち死にする。だから、決戦をさけ、山の上に陣取って、双方がにらみ合うかたちが多くなる。安芸の毛利氏などは、この寄せ集め軍団の典型であり、

――毛利の高陣

といって、山の上に陣取り、たいてい決戦をさけた。徳川家康は、この毛利軍団の体質を熟知しており、関が原合戦のときも、山の上から毛利軍は降りてこず、合戦に参加しないことを、あらかじめ看破し、それを織り込んだ作戦をたてて、勝利し、天下を獲った。

濃尾で近世が生まれた理由

毛利軍の正反対が、織田信長や徳川家康の「濃尾平野型の軍団」である。江戸時代的、近世的な武士団のあり方が、この地域で生まれた。「よばれたらいくよ主従制」ではなく、城下町に主君と家臣団が一緒に住み、常に臨戦態勢で軍事訓練をしている「いつも一緒だ主従制」が生まれた。学校の用語では、兵農分離とよばれるが、生やさしいものではない。この近世武士団は、織田信長の軍団をみてわかるように、主君への絶対的な忠誠をもとめる異常な体質をもっている。信長などは「俺のほうに足をむけるな」（越前国掟）とさえいった。この軍団のなかでは、自分勝手は許されない。地獄まで一緒についていく主従関係である。

どうして、こういう軍団ができ、天下をとるに至ったのか。学問の世界では、朝尾直弘氏が『将軍権力の創出』という名著をあらわされている。学術的には、これを参考にしていただきたい。

ごく簡単に説明すれば、農業のやり方が変わったのである。それまでは、武士が土豪として農村に居住し、農民たちを「被官」「下人」として従えて、粗放的な大規模経営の農業をやっていた。それが京都周辺から、小人数で行う家族農業に変わりつつあった。一家五人ぐらいで、家族の幸せを願い、みんなで必死になって、肥料を入れたり草を取ったり、家族の田畑をそれは丁寧に作る農業である。武士はこの家族に耕作をまかせ、自立させて自分は米の年貢だけをもらうようになり、領地から離れて、信長などの領主のいる城下町に移り住んで、武芸に専念するプロの戦闘者になった。

逆をいうと、農民が家族単位でやることには、年貢がちゃんと納められている以上、武士は口を出さなくなった。農民は本当に好き勝手に土地をつかうようになった。日本では、土地は私的な家族の持ち物になった。ドイツなどと違って、日本の土地利用は国家や共同体が計画するものではなくなった。現在の日本のかなり無秩序な景観は、ここに根ざしていると言っていい。

古代・中世は、全国の年貢・貢物があつまる都が、突出した経済先進地であった。だが、都のあたりには、寺院などの強固な中世権威が残っている。そのうえ、武士たちは「惣村《そうそん》」という地縁連合の活動に目がむいていて、厳しいタテ社会の戦国大名に忠義を尽くすなどとは、これっぽっちも考えない。だから、京都の周辺は強い戦国大名が育たず、台風の目のように権力の空白地になっていた。

一方、濃尾平野は違う。学問的には「中間地域」とよばれ、経済的には先進地だが古くさい中世権威はなかった。そして何より東国の武家文化のにおいをもった土地であった。広大な平野であり、中央集権的な権力を生みやすい地形であった。やはり中間地域である播磨や備前は地形が複雑で、とても強い権力が生まれそうなところではなかった。やはり濃尾なのである。

この濃尾平野で誕生した近世軍団が、軍事システムとして、圧倒的に強いのは、明らかであった。桶狭間の合戦は、こういう新しい近世軍団と、古い中世軍団がぶつかった劇的な例かもしれない。近世軍団は機動力があり、少数精鋭。大将のまわりに家臣が密集して突撃、生死をともにする。今川義元は、それに襲われ、あっという間に家臣に逃げられて、討ち死にした。一方、家康は死なない。家康は「三河武士」とよばれる近世軍団をもっていた。もっていなければ、家康の首は、とっくの昔に胴体とはなれていたであろう。家康は三方が原の合戦で、武田信玄に大敗して逃げ出し、武田騎馬軍の猛追撃をうけた。ところが、その家臣団は殺されても殺されても、家康のまわりをはなれない。ついに家康は浜松城に逃げ込んだ。奇跡に近い。

この近世軍団、濃尾システムは「武士の家意識」を前提に成り立っていた。中世から近世に世の中がうつるとき、人々は「神仏を信じるか、現実を生きるか」の二者択一をせまられる。それは日本でもヨーロッパでも同じである。この時代までは、日本にも宗教戦争があった。一向一揆や法華一揆である。「自分の信仰に生きて、神仏のために戦い、極楽往生をめざす」というのは、中世的な生き方である。前述の朝尾氏によれば、近世的な「侍の道」というものが、このころ生まれてくるという。信長のような主君のために、ひたすら忠誠を尽くす。そうすれば、武士の家は「長久」になる。そういう思想である。主君のほうも「密集して、俺を守る人垣になれ。合戦で討ち死にしても、子々孫々の代まで、家名と土地を保障してやる」と、約束してやる。個としての自分は死んでも、家は土地を保ちつづけ、永遠に栄えることができる。濃尾平野の武士が密集隊形を組み、敵中に突撃できたのは、兵農分離で「プロの戦闘者」になっていたこともあるが、何よりも、この「家長久」の思想をもっていたからであった。

結局、この濃尾平野の軍団は日本全土を征服する。島国イギリスでは、古い貴族はフランスなど大陸に出自をもつ征服者の子孫たちである。日本でも同じであり、あえて、大げさな表現をとるならば、濃尾平野の出身者が「貴族」になり、日本中の「原住民」を支配した、といっていい。大名華族の大半、家老などの上級士族の多くが、「濃尾の血筋」であるのは、紛れもない事実である。

日本中、どこにいっても、織豊・徳川系の大名だらけであり、彼らは濃尾平野から新しい領土に「占領軍」として進駐した。お城の直下に、殿様を守るように密集して住み、そのキャンプで、原住民の方言とはちがう、

――貴族の名古屋弁

を話していた。明治になると、この貴族たちの共通語、江戸で話された濃尾平野の言葉が、標準語の母体になった。江戸時代、多くの城下町では、苗字をきけば、およその身分が推量できた。例えば、土佐の高知では、坂本龍馬の「坂本」はいけなかった。愛知県の百歳老人、蟹江ぎんさんの「蟹江」なら、一目おかれた。なぜか。苗字が濃尾地方にある地名ならば、御譜代の上級武士、そうでなければ、地元採用の下級武士であったからである。まったく、おそろしい世界であった。

戦国時代が終わり、世の中が平和になると、藩というものが、できてくる。日本では、近世の軍団組織がそのまま平時の行政組織つまり官僚機構に転用された。同時期のフランス、ルイ王朝の絶対王政では、軍事組織は軍事組織であり、官僚組織は官僚組織で別

立てであるのに、日本では、軍団組織がそのまま官僚組織の原型になった。そういうわけで、日本の官界は、いまだに武家社会の政治文化の影響を、強くひきずることになった。その転用の様子については、笠谷和比古氏が『武士道の思想　日本型組織と個人の自立』でわかりやすく解説されているので、詳しくはそれに譲り、ここでは、もっぱら戦国の密集突撃軍団が、江戸時代の藩組織となり、行政組織に転用されたことの功罪を考えたい。

近代官僚は藩がモデル

軍団であるから、武士の社会は、上意下達で上下の差別が厳しい。とくに、お目見え以上の「士分」と、百姓出身の多い「足軽」は雲泥の差であった。士分は比較的互いに平等で自由闊達に政策意見を述べたが、足軽は士分に土下座し、命令された雑務に従事し、発言権はない。しかも、それが家柄で固定されていた。

明治新政府も、もとは藩官僚たちであったから、官僚に「勅任・奏任・判任」の別をつくり、今日のキャリア・ノンキャリアの差別構造につながっている。江戸時代は拝謁者、戦前は任命権者、戦後は採用試験の区分というように差別のものさしが変わっただけで、日本の官僚制の「上下二重構造」は不変である。また、この官僚制は、もともと軍団の求心力を目的としていたから、中央集権的である。主君、殿様の近く、つまり中央本庁の、いわば大臣官房に近いほど花形であり、地方の出先は卑職とされる。日本型の組織のなかで、地方や出先は、主君側近の司令塔＝企画部の意向と顔色をうかがう心理構造をもっている。財閥系企業や銀行は、明治以来の官庁のしくみをまねて、旧士族が新中間層になって作ったものだから、特に、そういう組織伝統がある。

ところが、この日本型組織は前述の笠谷氏も指摘するが、まったく反対のボトムアップの構造ももっている。それは「稟議制《りんぎせい》」という日本に独特な意思決定の方式である。まず現場の担当者が、こういうものをやりたい、こうしたいと起案する。その現場の案が、役所のなかで上役のハンコをもらいながら上がっていき、最後には家老が太鼓判を押して、ゴーサインが出るというものである。

戦国の密集突撃軍団は、独立領主の寄せ集めではなかったが、やはり「槍の騎馬武者」を主役にした軍団である。近代戦のように、中央指揮所が無線で小銃歩兵を駒のように動かすものではない。それぞれが「軍役人数」を自弁でそろえ、銘々が家伝の旗をたてて参戦してくるようになっていた。また、部隊は「備え」とよばれる独立性の強い単位で編成され、現場が強い。持ち場、持ち場に、戦線指揮の担当者・専門家がいて、細分化されたその特定の事柄については、彼らに任される仕組みになっている。平和になっても、藩にはその体質が残り、現場の意見によって事が運ぶ組織文化になった。他人はその判断に、なかなか口出しできない。このやり方は、トヨタ自動車の「カイゼン」などにみられるように、現場の意見で、時々刻々、状況が変わるなか、仕事のやりかたを微調整していくにはいい。トヨタなどは、どこかで濃尾平野の歴史的風土がうまく出て成功している例かもしれない。一番よく現場を知っている人に任せてあるのも、利点のひとつだろう。しかし、根本的な大改革には向かない。ときどき変なことも起きる。

戦前の巨大化した海軍官僚組織もそうであった。大艦巨砲主義の時代は終わっているのに、仕事だからと、建艦担当者が戦艦大和の建造を提案する。その書類はスルスルあがって追認されてしまう。航空戦力の担当者は「まずいな」と思っても、他所の部署のこと。反対しにくい。あとで誰の責任だ、という話になっても集団の流れで決定しているから責任の所在はわからぬままになる。だから、問題が起きたあと、さして反省もなく、ほとぼりが冷めるのをまつ。

ただ、この武士的な官僚組織にも利点がある。優秀な人材を安いコストでつかえ、かつ汚職が少ない。近世武士団がそうであったが、官僚機構の住人は、名誉心を満たし、安定した身分を保障してやれば、それで満足するという習性をもっている。我々は日頃、「官僚は自分のことしか考えていない。私ばかりだ」と批判する。が、しかし、子供や親戚が「安定してる公務員になろうか」というと「うん。安定してていい」と会話する。誰も「公務員は生活の安定のためになるもんじゃない。主権者たる国民に命がけの御奉公をする覚悟があるなら、おやりなさい」とは言わない。子々孫々まで生活を保障する「永代雇用」、つまり世襲制。これが近世武士団の最大の特徴である。そのかわり、武士は貧しくても、勤務努力が俸禄（給料）に反映しなくても、働く。子孫のことを考えて働く。日本の官僚も終身雇用と身分保障をもらい、給料は安くても働く。彼らは金銭的なものもあるが、かなりの部分「身分保障への欲求」で動いている。武士の時代も、今日も、日本人について言えることは、「家単位の生活の安定」をものすごく希求することである。現在の日本は、国や公共団体は大借金を抱えているが、世界的にみると、家計の貯え＝国民資産は巨大である。これなど、「家の生活が第一。あとは二の次」という日本人の本音を如実に示している。

近代にも生き延びた濃尾システムだが、ここにきて、行き詰まりを見せていることは否定できない。

濃尾システムによって構成された藩に淵源をもつ日本の優秀な官僚制度にも、制度疲労が出ている。官僚制度を模倣した銀行などの大企業組織も同様だ。

家族主義も揺らいでいる。老人介護ひとつをとっても、これまでのように、家単位に任せて、そのままうまくやっていける日本ではなくなった。

もう一度、この国の公ということをみつめ直さなくては、どうにもならなくなっている。

このような伝統構造を抱えた日本において、改革がなされるとき、いくつかパターンがある。そもそも、権力・権威には従順で、自分だけ取り残されることが嫌いな「横並び意識」をもっており、つねに家単位の安定を求める。こういう江戸時代にできた無意識の意識がある。したがって、改革が可能なのは、自分の安定的な生活が、おびやかされたときである。とことんまで、追い詰められると、明治維新のときの武士がそうであったように、焼け野が原になった敗戦後がそうであったように、どんな変化でも受けいれる。もとより、権威や強者には弱いから、ペリー艦隊や薩摩長州軍の近代兵器の強さ、あるいは米軍の圧倒的な物量をみせつけられ、一旦、負けると、たちまちにして、態度が変わる。もともと、安定志向が強いから、安定がおびやかされると、一気に、改革のバネになって、改革に動く。日産自動車のゴーン氏の改革などは、そうした例の一つのように思われる。日本人は改革がはじまると、横並び意識が強いから、人に遅れまいとして、善悪はともかく一斉に追随する傾向もある。また、上部や中央の意向で動くような組織構造になっているから、トップダウンで、旗がふられると、思いのほか、すばやく変わる。

濃尾平野で生まれた江戸時代をひきずる日本人。改革のためには、自らのルーツをみつめ直す必要があるのではないか。

第2章　歴史を動かす英才教育

幸村の天才軍略遺伝子　武田＋上杉＋秀吉の智謀を引き継いだ男

　戦国史を調べていると、ふと素朴な疑問を抱くことがある。下克上が当たり前だった戦乱の世にあって何故ある家は滅び、ある家は何代にもわたり優れた武将やリーダーが輩出するのか。その明暗を分けるものは何か。実は「教育力」の差が大きい。生きのびる家は例外なく、家中・一族が結束し、よく教育されている。優れた教育システムを持つ集団は強い。特に競争が激しい時代ほど、教育レベルの違いが組織の成果、サバイバル力を大きく左右する。

　これを説明する最適なケーススタディが、真田源次郎信繁、いわゆる真田幸村《ゆきむら》である。その大河ドラマ「真田丸」で堺雅人氏が演じて今日でもよく知られている武将である。「日本一《ひのもといち》の兵《つわもの》」と称された活躍ぶりは広く知られるところだが、あらためてその生涯をみていくと、彼がまさに戦国時代の最強教育を受けていたことに気づく。信繁がいかなる〝師〟と出会ったかを知れば、歴史をさらに深く楽しむことができ、我々の教育の参考にもなる。

「最強軍団」の最前線に置かれた家

真田家は、もともと信濃国小県郡《ちいさがた》（現在の長野県東御市）の小豪族で、祖父の真田幸隆（幸綱）以下、数多くの名将を輩出してきた家でもあった。まず幸隆は武田信玄に仕えると、信玄が落とせなかった戸石城を、その翌年、落城させるという功績を挙げた。その力を高く評価した信玄は、強敵、上杉謙信に備える最前線に、幸隆を起用した。幸隆の嫡男・信綱も信玄に重用され、次男・昌輝は信玄から「我が両眼なり」といわれるほどの評価を得た。

信繁の父、真田昌幸はその幸隆の三男である。十一歳で武田家の人質となると、信玄によって、奥近習六人衆に抜擢され、信玄の身近で、将来、武田家の重臣となるための英才教育を受けた。

当時の武田家は、軍略研究、軍事技術、実戦での戦闘力、いずれも日本最強軍団といっていい存在である。

中世社会において、知は「点」として存在する。つまりきわめて高度な知識や情報、研究の蓄積は、特定の寺院や神社、公家・大名家・室町幕府関係者といった「点」として凝縮され、そこにいなくては手に入らない。室町時代まではその「点」がもっとも密集していたのは言うまでもなく京都であったが、応仁の乱以降、京都が荒廃すると、そうした知の「点」は地方へと散らばり、全国に点在するようになった。それだけに知を握っているものと、そうでないものとの格差が大きい時代である。中世のエリートは教養が深い。幼少期に社寺に稚児として住み込み、漢文の哲学書を読みこなせるまで修行した。これが江戸時代になると、寺子屋などで知が「面」として広がる。大衆教育で、読み書き、そろばんの知識にすぎない。

私たちにもっと近い時代でいうと、戦前の旧制高校のようなものである。そこではドイツ語、フランス語、英語、ラテン語などを読み書きできる少数のエリートを養成したが、当時、一般の国民のなかには初等教育も受けずに、まともに文字も読めない人もいた。格差が大きい。戦後の日本は、全体の教育水準が底上げされた反面、ラテン語もわかる超エリート層はいなくなったといえる。これが「点」の教育と、「面」の教育の違いである。

戦国時代の武田家は、兵学において、そうした知の拠「点」のひとつといってよかった。中国から軍事書を輸入し、家臣団の寄せ集めだった軍隊を脱却して、集団的な戦闘の研究を深めていた。そして同様の研究を進めていた、もうひとつの「点」が越後の上杉家である。つまり、当時の軍略の最先端がぶつかり合ったのが川中島の戦いであり、真田家はその最前線にいた。

武田の高い軍事技術は、城跡ひとつを見てもわかる。例えば、虎口（出入り口）の外側に曲輪《くるわ》を築く「丸馬出し」。これは虎口の守りを固め、また攻めて出るにも効果的だが、信繁が大坂冬の陣で築いた「真田丸」も武田の軍事テクノロジーの延長線上に生まれたものである。最新研究では大坂城から独立した砦で、丸馬出しではないが、発想はまるっきり武田流といってよい。武田の城はほかにも優れた築城技術がいくつもほどこされ、攻められてもなかなか落ちない特徴を持っていた。

武田家の戦術の合理性と悪魔性を象徴するのが、「武田のゆる鏃《やじり》」である。武田の雑兵弓は、鏃を矢柄に緩く巻いて放つ。それで、矢を抜いても鏃が体内に残り、そこから肉が腐って悶死する。さらに、こうした話がひろく伝わるようになると、敵は武田の弓矢を恐れるようになった。これが信玄のねらいで、現代の戦争でいえば、対人地雷やダムダム弾に通じるような、非人道的な兵器の改良をすすめ、周辺国を震撼させていたのである。

家康VS.昌幸の「信玄の弟子」対決

この武田信玄を最もおそれ、かつ尊敬していたのが徳川家康である。

私は浜松に住んで、武田の強さを改めて感じたことがあります。元亀三（一五七二）年、武田軍が信濃から攻め寄せ、徳川方の二俣城を落とします。徳川方の浜松城から二俣城までは、およそ十五キロ、それも平地ばかりで軍が動かしやすい。一方、武田軍は数百キロもの道のりを、山を隔てて遠征してきているのです。それだけ近い距離にあっても、徳川軍は二俣城を救援できなかったのです。天正二（一五七四）年に起きた高天神城の戦いも同様です。きわめつけは三方ヶ原の戦いで、家康は死を覚悟するほどの惨敗を喫しています。

家康は織田信長から大量の鉄砲などの後援を得て、ようやく、長篠の戦い（天正三年）で勝頼軍を撃破した。信玄が死んでのちのことで、家康は生涯、信玄には勝てなかったのである。徳川軍が本格的に強くなるのは、武田家臣団を取り込んでからである。

信長が本能寺で横死した際、堺にいた家康は命からがら逃げ帰った。このとき同行していたのは武田家の一門に連なる穴山梅雪で、彼は畿内を脱出中に死亡するが、武田滅亡後、家康は武田の強い家臣団と軍事技術を我がものにし、天下を争う位置につけたのである。

しかし家康は、武田家のスタッフを手に入れたとはいえ、信玄に「私淑」していたに過ぎない。それに対して、真田昌幸は信玄に直接師事した「愛弟子」であり、信玄軍本営にいた「実務担当者」である。自分こそが武田軍学の継承者だという自負もあったに違いない。

その差を見せつけたのが、天正十三（一五八五）年の第一次上田合戦である。北条氏との領土交換を拒否した昌幸は、徳川と敵対する上杉と通じた。そこで家康は、真田の上田城へ討伐軍約七千人を派遣し、昌幸は千二百人ほどでこれを迎え撃った。最終的に徳川勢が約千二百人の戦死者を出したのに対し、真田勢の犠牲はわずか四十人ほど。戦死者が桁二つ違う真田家側の大勝利になったとされる。

この屈辱（家康にとっての、ですが）は慶長五（一六〇〇）年、再び繰り返される。関ヶ原に向かう徳川秀忠軍三万八千人に、上田城を拠点とする昌幸・信繁軍が大打撃を与え、結局、徳川方の主力だった秀忠軍は、関ヶ原の合戦に間に合わず、家康の後継者は戦下手を天下にさらされている。

現代の企業社会にたとえるなら、中小企業ながら、倒産した名門企業「武田」の中枢で活躍した昌幸が経営する真田家と、その倒産会社の社員を多く吸収した大企業、徳川家の戦いであり、勝利の女神は名門企業の「中枢」をうけついだ者にほほえんだのである。

国を滅ぼす四人の大将とは

それでは、戦国最強を誇った武田家では、どのような教育がなされていたのだろうか。兵器や築城などのハード部門については前に述べたが、それを指揮する大名、現場で戦う武将たちへの教育も重要となる。それがうかがえるのが、信玄の弟・武田信繁の遺訓である。

武田信繁は幼い頃から兄の信玄を支えた人で、家臣からの人望は厚く、また文人的な才能も発揮した。永禄四（一五六一）年に第四次川中島の戦いで討死し、信玄はもちろん、敵の上杉謙信からもその死が惜しまれたという話が残る。真田昌幸も信繁を尊敬したようで、次男にその名をつけたのではないか、と考える向きもある。

信繁の遺訓は九十九カ条にわたっている。たとえば、

〈味方の旗色が悪いときこそ慌てうろたえるな。劣勢のときこそ、敵に対して侮蔑の思いを抱くべきだ。『春秋穀梁伝《こくりょうでん》』に「善陣はむやみに戦わず、善戦はやたらに死なず」とある〉

この遺訓はそこかしこに、古典からの引用がつけられていて、信繁の教養が感じられる。こちらが優勢なときは敵を侮ってはいけない。逆に、こちらが劣勢になったら心のなかで侮蔑して踏ん張れ、などと書いてあり、戦場の心理が深く洞察されている。

その一方で、武田信繁は「人の命を奪うことはよくないことだ」とも書く。〈国家を安泰に治め、家庭を平穏にする基は、よい人物を得るにある。国を滅ぼし家を破滅するのは、よい人物を失うに原因する〉と。何事も人物が大切な役割を果たすので、人の命を軽々しく取り扱うなと言いのこしている。勝つための心得を説く一方で、人命・人材の尊重にも触れる。

信玄自身も「人は石垣、人は城」という有名な言葉をのこしており、人の重視は武田家の戦略の要であったといってよい。また、彼の言葉として、こうしたものも残されて

いる。

〈戦に勝つということは、五分を上とし、七分を中とし、十分を下とする〉

圧勝すると兵士たちは敵を侮る。驕りが生じる。勝ちすぎは敵の恨みを買うと、戒めたものである。

また信玄は、

〈国を滅ぼす大将は四人いる。馬鹿なる大将、利口すぎたる大将、臆病なる大将、そして強すぎたる大将〉とも言っている。これも強すぎる武田の軍を自戒した言葉で、相手を痛めつけすぎると、戦後の統治がうまくいかない面もあると自戒している。真に強い者は自己を肯定せず自戒する。

人質となり「上杉学校」で学ぶ

こうして武田家の軍略DNAを受け継ぐ真田家に生まれ育った信繁は、もう一方の「最強軍団」上杉家へと向かっている。昌幸と上杉景勝との提携の条件として、天正十三（一五八五）年、景勝のもとへ人質に出されたのである。

人質といっても、監視付きで幽閉されているような立場ではありませんでした。景勝は信繁の才能を認めて、千貫以上の領地まで与えているのです。謙信は天正六（一五七八）年に他界していましたが、智将で知られる直江兼続《なおえかねつぐ》など、謙信の薫陶《くんとう》を受けた、優れた武将が何人もいた。いわば信繁は〝上杉学校〟に入学したのである。

人質に取られることが教育になるのは驚きであるが、信繁以外にも、若い頃の〝人質教育〟で最先端の技術や文化を吸収した超有名武将がいる。

それは徳川家康である。家康は七歳で今川家の人質となり、尾張で二年、駿府に十二年を過ごした。

当時、今川氏の本拠地だった駿府は、ミニ京都と呼んでいいほど栄えた町で、今川は足利将軍家に次ぐ名家であるから、幕府の行政実務を担当する高級官僚レベルの人物が日常的に出入りしていた。京都から公家や高僧が来ている。鄙《ひな》では手に入らぬ貴重な本や薬なども売られていた。今川義元の軍師で僧侶の太原雪斎が家康を教育した、という話は定かでないものの、禅の学僧から教育を受ける機会はあった。なにより若い頃に、都市の空気を吸ったことが、家康を三河の一武将から飛躍させる、貴重な体験となったことは間違いない。

家康の幸運は、ひとりで人質になったのではなく、松平の家中から同年代の子どもたちと一緒に人質になっていたことである。この人質仲間が後年の家康を補佐する。未来の大将と参謀たちが「海道一の弓取り」と呼ばれた〝今川の軍学校〟に留学していたといってよい。

では、信繁が人質として過ごした上杉家では、どのような教育がなされていたのか。これがなかなか難しい。

戦国時代は、大名の子への教育が国の存亡に直接かかわった。謙信もそうであるが、戦国人は、禅寺などの宗教施設では経文読解など、漢文の基礎教養を身につけた。戦国大名は、家中の教育にも関心をよせていた。戦国の武士教育には、二つの方法があった。

一つは、家訓や書状などから学ぶ文字による教育である。もう一つは口頭で伝えられた非文字教育で、実は、こちらの日常的な非文字教育のほうが、実生活に役立つものが多かった。

戦国時代には、みなが車座になって、主君や重役たちの話を聞く場があった。そうした集まりは雨の日と夜に開かれるので「雨夜の会」と呼ぶこともある。酒を飲みながら、ということもしばしばで、それによって、戦国武士は合戦などで得た実践知を伝える一方、生死をともにする集団内での結束力を高めていた。

残念ながら、戦国に録音はないから、そのような戦国の非文字教育の内容は復元できない。ただ、いまに伝えられている書物のなかに、「これに近い内容だったろう」と想像させるものはある。そのひとつが、加賀の前田家に伝わる『利家公御夜話（亜相公御夜話）』である。加賀藩では、夜話という談話筆記の形式で初期の藩主たちの言葉を書き残し、明治維新の頃まで読み継がれた。この前田家の夜話は、他の大名家の蔵書中にもよく見られるから、当時の殿様たちの愛読書の一つと考えられる。それだけ「夜話」的な教育のニーズは高かった。おそらく上杉家でも、こうした「夜話」的な教育が日常的に行われていたと考えられる。

そもそも謙信は、今で言えば、軍事オタク、政治オタク、教養オタクといってよい。幼いころ、曹洞宗の僧侶として修行していた謙信は当時の禅宗寺院は中国からの知識を得られる、重要な知的拠点であったため、師の天室光育から仏教と兵学を学んでいる。特に兵学を好み、二メートル四方もある模型の城を用いて、合戦などのシミュレーションに熱中していたとさえ言い伝えられている。

その上、大の酒好きであり、さらには若くて優秀な家臣をそばに置くことを好んでいた。事実、太政大臣を務めた近衛前久の日記に、謙信が上洛した際、京都の美少年に目を輝かせているさまが活写されている。毎晩のように美少年と酒をくみかわし、合戦や軍略の話を交わしていたのであろう。

直江兼続も当時の一級の文化人である。書き残した短冊を見ると、数多くの漢詩を残していて、その評価も高い。現代なら二カ国語、三カ国語を操る知識人に相当する。和歌をたしなむ武将は珍しくないが、漢詩まで詠める者は少ない。韻をふむ規則が難しく、戦国武士で兼続ほど漢詩に達者であったものは少ない。また、兼続は、膨大な蔵書でも知られ、宋版『史記』『漢書』『後漢書』は現在、国宝に指定されている。

直江兼続と真田信繁（幸村）は酒を酌み交わしながら、謙信の軍略、真田家に伝わる武田の兵学について語り合ったのか――。想像に過ぎないが、まさに戦国時代における最高の軍事の会話を上杉家がしていた可能性がある。

非文字教育の重要性

独特の教育システムが強い集団を生んだ例として、薩摩の島津家を外すわけにはいかない。ここでもやはり非文字教育が中心であった。

薩摩士族には「郷中《ごじゅう》」という子弟教育のしくみがある。年長者を二才《にせ》、年少者を稚児《ちご》と呼び、年齢の近い先輩が後輩を指導する相互教育システムを作りあげていた。

そこで何が教えられていたかがうかがえるのが「日新公《じっしんこう》いろは歌」である。作者の島津忠良は島津家中興の祖で、義久、義弘ら四兄弟の祖父にあたる。

島津家は、もともと薩摩にあった近衛家の荘園の管理人であった。それもあって京都とは強力なパイプがあり、公家や時には関白が下ってきた。島津家の城と城下町には高度な文化が存在する一方、日本の南端に位置するため、薩摩は経済的にも文化的にも最新のものが、郊外には入りにくく、よくいえば古風、悪くいえば、後進的な土地でもあった。

そうしたギャップを埋め、家臣教育に、忠良が考えたのがこの「いろは歌」である。平易な言葉で、何度も何度も反復して読み上げさせ、意識を改めさせるのである。こうして家臣を鍛え、島津家は、孫の義久たちの代には、九州を席巻する強国となった。戦国大名による人材育成で最も成功した事例といってよい。

最初の「い」はよく知られる歌である。

〈いにしへの道を聞きても唱へてもわが行《おこなひ》にせずばかひなし〉

昔のありがたい教えを聞いて唱えても、実践しなければ意味がない、と冒頭で釘を刺す。

「は」も学びの重要性を説いたもので、

〈はかなくも明日の命を頼むかな今日も今日もと学びをばせで〉

いくら明日の命を望んでも、学ばないとすぐに死んでしまう。いかにも戦国の世らしい脅しが背後にある歌である。

〈心こそ軍《いくさ》する身の命なれそろゆれば生き揃はねば死す〉

意味は、戦う集団は一心同体で、心が揃わなければ勝って生き延びることができない。幼い頃からこれを唱えていれば、戦場に出ても結束の固い強い軍団となるのは当然であろう。

このような思想的な教えがある一方、実に細かい実学も同時に教えたところが島津家の特徴である。

例えば、鉄砲装備は弾丸の大きさを「六匁《もんめ》以上にせよ」など実に細かい指示を出している。私はこれを〝戦国リアリズム〟と呼んでいる。強い集団ほど現実的で細かい知恵やノウハウが、全体に行き渡る工夫がなされているのである。

秀吉の賤《しず》ヶ岳《たけ》七本槍に名を連ねる加藤嘉明も、家臣の戦闘マニュアルを残しているが、そのなかに「城を建てるときは便所の天井を高くしておけ」という項目がある。何故こんなことまで書いたのか。しばらく考えて分かった。戦になると、兵士たちは背中に旗《はた》指物《さしもの》をつけたまま用を足す。天井が低いとぶつかってしまう。それ故、天井を高くするといった徹底した合理性が戦国日本人の特徴である。

同じく七本槍の加藤清正も負けていない。『家中へ被申出《もうしいださる》七ヶ条』の第一条は、〈寅の刻に起き候て、兵法をつかい、めしをくい、弓を射、鉄砲をうち、馬に乗るべし〉

起床時刻まで指定している。寅の刻は午前三時から五時の間である。現代の会社は、出社時刻は決めても、さすがに起床時刻までは指示しない。

北条早雲は、時間にうるさかった。

〈朝は常に早く起きるように心掛けねばならぬ。遅く起きるならば、召し使っているものまでが気持ちを緩めてしまう。公務の大切な用事にも事欠くようになる。その結果、まず必ず主君からも見放されてしまうものと思って深く慎まなくてはならぬ〉

さらに夕刻は夜八時までに寝ろと指示し、さらに付け加えて、〈泥棒はたいてい深夜〇時から二時頃に忍び込んでくるから、その時刻にぐっすり寝込んでいては危ない〉と、泥棒の時刻まで指定した。

こうしてみていくと、戦国武将たちが重視したポイントが分かる。それは、もしこうなったら……という脳内シミュレーション能力の高さである。そしてその仮定を、可能な限り具体的につきつめる。それこそが、生死のかかった戦場で必要な、頭の働かせ方だとわかっていたのであろう。

こうした具体的で、しかも即時性が求められる頭脳力は、実は文字教育には向いていない。車座になって、実体験や失敗譚、人への褒め言葉や悪口などはさみつつ、細かいノウハウや優れたアイディアの伝授が家中でなされていた。おそらくこれが、識字率が低い段階での最適教育法であった。

近代日本は西洋式の学校をつくり、軍人や官僚を養成した。これは教科書による文字の教育である。しかし、明治時代には、まだ各藩で対面の言葉による非文字教育が行なわれ、武士は実学を身につけていた。それが明治日本のとりあえずの成功の秘訣であったかもしれない。

部下には我慢、子育ては失敗の秀吉

さて、真田信繁に話は戻る。父の昌幸が豊臣秀吉に帰順し、大名となると、信繁は今度は秀吉の人質として大坂に移ります。そして、信繁自身も、秀吉の配下の大名となる。このとき信繁がどのように過ごしていたのかはほとんどわかっていない。

しかし、この時期、秀吉政権での大坂が、それまでの信繁の想像を絶するような世界であったことは想像にかたくない。秀吉の天下は、伝統も秩序も構わない。金、物、力で動く世界である。またたく間に要塞を築き上げ、敵の城を水没させる途方もないスケールで戦闘した。人材好きの秀吉によって、綺羅星のごとく集められる人材がそれを実行する。それが秀吉ワールドであった。

信繁は、その世界の中枢部とつながりをもった。なにしろ、秀吉政権の主要スタッフの一員、大谷吉継の娘を正室に迎えている。大谷は石田三成らとともに、秀吉を支えてきた子飼いの武将で、秀吉政権の中枢にいた。天正十一（一五八三）年に賤ヶ岳の戦いで、調略に、戦闘にと活躍し、後年の朝鮮出兵では船や物資の手配などのロジスティックスにも優れた働きをみせている。

秀吉という人物を教育の観点でみたとき、これほど部下を我慢して育てる武将も少ない。ところが、その一方で、これほど子育てに失敗した戦国武将もほかにいない。

秀吉は、家臣に対して、徹底的に諭す。信長がハードな命令で部下を鍛え上げていく（そして脱落した部下は処分する）タイプの上司だったのに対し、秀吉は細かくわかりやすく指示を出し、しかも失敗しても何度も許している。たびたび敵方に回った佐々成政も、単身で頭を丸めてやってくると、あっさり許している。秀吉は相手を処罰するとき、「本来ならもっとひどい罰を与えるが、堪忍して、この程度で済ませてやる」が口癖でした。また、優秀な人材とみれば、よそでしくじった人物も迷いなく、召し抱えた。

ところが、家庭教育は、最悪の教育者としかいいようがない。秀頼が女中たちの振る舞いが気に入らないと秀吉に手紙で言いつけると、「父が帰るまで縛っておけ。叩き殺してやるから。そうすれば、みなお前の言うことを聞くようになるだろう」などと返事を書くしまつである。こんなことで子どもがまともに育つはずがない。世襲の最大の問題は、周りの人が御曹司をちやほやし、都合の悪い情報やきつい小言を耳に入れなくなることである。さらには、世人をなめ、このぐらいのことをしても大丈夫だろうと、高をくくる。

おそらく秀吉自身、きちんとした家庭教育を受けていない、秀吉には対人関係の不安があった。そのため、子どもや家臣には、すぐ物を与えようとした。中国からおもちゃを取り寄せ、それを与えるのが子どもの教育である。そう勘違いしていた節がある。一代で身を立てた人物の悲哀が感じられる。

真田丸「赤備え」の意味

大坂の陣での真田信繁の戦い方には、彼が蓄積してきた戦いのノウハウがすべて凝縮されている。

真田丸での戦術のベースにあるのは、真田家直伝のゲリラ戦法である。それは上杉、武田、徳川、北条といった強大な勢力に周りを囲まれた山岳地域の豪族が鍛え抜いた戦い方といってよい。敵を引きつけ、時には城内まで入らせ、さまざまな仕掛けで、混戦に持ち込む。上田合戦でも真田丸でも、平野が本拠地の徳川勢は、この山岳仕込みのゲリラ戦に翻弄された。

しかし大坂の陣での信繁で、感銘をうけるのはそれではない。浪人の寄せ集めに過ぎないはずの軍団を教育・訓練して、高い結束力をもった軍団に仕立て上げた点である。

真田軍が具足を朱塗りにした「赤備え」で戦ったことはよく知られている。赤備えはもともと武田軍のものであった。大坂夏の陣で本陣にまで攻め込まれた家康にとっては、まさに三方ヶ原の戦いが再来した恐怖を感じたに違いない。

信繁が赤備えを選択した理由には、家康へのプレッシャー以外に重要なポイントがある。黒い具足の軍団と、赤い具足の軍団が戦う場合、黒ならば物陰や夜陰に紛れて逃げやすい。しかし、赤い具足はとにかく目立つ。逃げようにも逃げられない。逃げてもすぐに討ち取られてしまう。赤の具足は敵をおどし、自軍を勇気づけるが、それだけでなく、逃亡防止の効果もあったと考えられる。

これは世界共通であるが、火縄（マスケット）銃段階の集団の戦闘で、最も重要なことは兵隊が逃げ出さないことである。しばしば敗軍が総崩れになってしまうのは、劣勢を意識した兵が次々に逃亡してしまうことからくる。敵に背を向けてしまえば死ぬ可能性が高まる。そこで怯《ひる》むことなく討って出た者だけが生き残れることを教育するのであるが、これがなかなかうまくいかない。前述の日新公いろは歌にある。

〈心こそ軍する身の命なれそろゆれば生き揃はねば死す〉

この歌を実践させるのは難しい。信繁の赤備えには、逃亡を防ぎ、死の覚悟を固めさ

せる狙いもあったと考えられる。上杉謙信も、

〈運は天にあり、鎧は胸にあり、手柄は足にあり。何時も敵を我が掌中に入れて合戦すべし。死なんと戦えば生き、生きんと戦えば必ず死するものなり〉

が口癖であった。大坂城での信繁の戦いぶりからは、この謙信の言葉が響いてくる。

もうひとつ、信繁の持ち味は、明るさと優しさであったといってよい。兄の信之も、柔和で人を怒ったりしなかったと信繁の人間像を語っている。大坂城で死に直面した浪人たちをひとつにした信繁は、秀吉級の「人たらし」であったかもしれない。

最後に余談ながら、近現代史への真田戦術の影響を述べる。

長男の信之は九十三歳まで長生きする。最初は上田藩九万五千石、のちに松代藩十三万石の藩主となった。幕末、その松代藩から、ひとりの兵学者があらわれた。佐久間象山《さくましょうざん》である。黒船来航前後の混乱のなか、象山は『海防八策』を書き上げ、自ら西洋式の大砲を鋳造すると、砲術・兵学の塾を開き、吉田松陰、勝海舟、坂本龍馬、橋本左内、河井継之助など数多くの弟子を育てた。日本海軍の創立に大きな影響を与えた人物といってよい。とにかく、戦上手の真田家は戦術・戦略家を近代まで輩出した。

太平洋戦争の末期、硫黄島の戦いで有名な栗林忠道中将も、真田の系譜をひく一人である。松代藩士の家に生まれているから、松代真田家の家中である。佐久間象山をたいへん尊敬していた。敵に自陣まで侵入させ、さまざまな仕掛けで入り乱れての混戦に持ち込み、敵に多くの出血を強いる戦い方は、真田の戦法そのものであったといってよい。

その戦いぶりの凄まじさに、アメリカ軍は本土決戦に慎重になった。大坂冬の陣の真田丸が大坂城の最前線を守り抜いたように、栗林中将の硫黄島はあの戦争の真田丸であった。真田信繁↓栗林中将↓我々の歴史という影響の連鎖がみえ、歴史の不思議さを感じる。そう考えると、戦国史は我々の運命とも、けっして無関係ではないのである。

くノ一は江戸時代のハニートラッパーだった

くノ一の話をしたい。女忍者、すなわち、くノ一というものは、小説や映画によく出てくるけれども、歴史学者の目からすると、これはまったく謎に包まれている。そもそも、ふつうの江戸人が、くノ一という言葉を使っていたかというと、わたしは疑わしいと思っている。戦国末期の日本人が、くノ一という言葉をひろく認識していれば、当時来日していたヨーロッパ人宣教師がつくった日本語辞書『日葡辞書《にっぽ》』にでも出てきそうなものだが、そんな話はきいたことがない。さらにいえば、わたしは日本中を訪ね歩いて、たくさんの忍術書をみてきたが、「くノ一」という文字が出てきた忍術書をみた記憶がない。

ただ、ひとつ『万川集海《まんせんしゅうかい》』系統の忍術書に「久ノ一」という表現があって女を使った忍法が書かれているのをみただけである。いまのところ、ほかではみたことがない。

『万川集海』には「女」を「くノ一」、「男」は「田力」というように、漢字を分解して隠語を作っている個所が多くみられる。この書物は伊賀・甲賀の者のなかで作られたことは間違いない。伊賀・甲賀の山里に忍びの子孫の屋敷を訪ねていくと、奥からそっと出される忍術書が、この『万川集海』であって、そのことからすると、伊賀・甲賀地方の忍びの心得のある人々のなかでは、漢字を分解した隠語が通用していて、彼らは、女のことを「くノ一」といっていたのかもしれない。

しかし、この書物は延宝四（一六七六）年になって成立したという説が現在のところ有力であり、しばらくは伊賀・甲賀者のなかだけで伝存されてきたらしい。これが忍者以外の普通人の世界に出てきたのは寛政元（一七八九）年になってからのことである。甲賀に住む「甲賀古士」が幕府に地位を認めてもらおうとし、松平定信に、「久ノ一」について書かれたこの書物を献上してしまった。しかし、この秘伝の忍術書は、将軍幕閣の専用図書館である紅葉山御《もみじやまご》文庫《ぶんこ》に秘蔵されて、江戸人一般の知識になることはなかった。

したがって、くノ一と聞いて女忍者のことであるとすぐにわかるのは近代人であって、おそらく『万川集海』の内容を紹介した小説や映画の孫引き知識で聞き覚えたものであろう。江戸時代には、伊賀・甲賀者のしかもその一部の者しか、くノ一ときいて、女を思い浮かべることはなかったものと考えられる。

だから、女忍者はその活動実態どころか、その実在さえ、謎に包まれている。江戸時代の忍者はほんとうに女を諜者として使っていたのか、そんなことはわからないのであって、ましてや、ビデオ映画のように、色仕掛けでせまり、女の体を使って、忍びの仕事をする者がいたという証拠はどこにもない。

と、このように、わたしも思っていた。

ところが、である。平成二十四年夏、あるところで、わたしは、くノ一の実在を示す恐るべき文献に出会ってしまった。それは名古屋でのことであった。尾張徳川家の蔵書であった蓬左《ほうさ》文庫に尾張藩士・安井某《なにがし》の書いた『趨庭雑話《すうていざつわ》』という本があった。これは尾張藩主や諸大名の興味深い話をあつめたものである。伝聞で書かれたものだから、すべてを信じることはできないのだけれども、その忌まわしい事件を裏付けるような証拠がほかからも出てくるから、根も葉もないことではすまされない。こんな話が書かれている。

結論からいうと、尾張藩主・徳川宗春のことである。宗春は八代将軍・徳川吉宗にあらがったばかりではない。なんと、くノ一の美しい女の体をリクルートしてきて、これを諜者に使ったらしい。

『袂草《たもとぐさ》』という随筆に、宗春が奥に異様な方法で美女をあつめていたことがうかがえる記述がある。

「章善院（徳川宗春）様は、絵図でもって美人をお尋ねになったことがあり、吉原から連れて来たその美人はもとは京の人であったらしい。それを、お召し抱えになり、お女中として召し仕われた。ご寵愛はなはだしく、常に『俺よりは、あれが良きようにせよ』と、お側の人に仰せられるほどであった」

なんと、宗春は理想のタイプの美人の姿をうつした「絵図」を作成し、これをもたせて美人探しを行い、遊里の吉原から超絶の美人を「お女中」に採用していた。こうして手に入れた美女を寵愛し、「自分よりも、この美人のほうを優先待遇にせよ」といっていたほどである、というのである。尾張藩士の平岩吉次郎が語った話で、この美しい女は名を「春日野」もしくは「おはるの方」といったという。

さらに『袂草』は、この美女についてのエロティックな場面を記している。おはるの方は蚊帳のなかで寝ていて、なかから「蚊が入っているわ。とってくださる」と、甘い声でささやく。鈴木鍋吉という藩士の養父が、ほかの奥女中にきいたところによると、蚊帳のなかでみた、おはるの方の艶姿は「照りかがやくほどの美しさにてありし」と記録されている。

古文書に隠されたくノ一の記録

これだけなら、どこの大名家でもあることで驚かない。問題は尾張藩士・安井某が記した随筆『趨庭雑話』である。これこそ、近世大名が「くノ一」を使っていたことを示す、いまのところ、ほとんど唯一の証拠である。現代語訳すると、次のような恐るべきことが書いてある。

「章善公（宗春）は、小姓たちが宿直の夜、ひそかにお女中に命じて彼らを誘惑させた。小姓の寝所に夜な夜なお女中を通わせ、小姓それぞれの言行を試してみて『潔《きよ》く守りある輩《ともがら》は追々に登庸』なさった」

家臣にわざとハニートラップを仕掛けるのだから、これがほんとうならば、宗春というのは、とんでもない殿様である。小姓に色仕掛けで迫り人物を調べさせる「くノ一」を宗春がもっていたことになる。おそらく、大名がくノ一を使ったごくめずらしい記録である。

ただ、この話を記録している尾張藩士の筆先には、いささか、うらやましさが、にじんでいる気もする。出世などしなくてよい、美しい女に誘惑されて、甘い罠にひたってみたい。そんな願望があるのか、宗春時代の悩ましいエピソードとして、尾張藩士のあいだで密かに語り継がれていたものであろう。

これだけなら微笑ましい話ですむのだが、『趨庭雑話《すうていざつわ》』の宗春のくノ一についての記録はこれでおわらない。陰惨な続きがある。

「章善公（宗春）へ、どこの諸侯（大名）であったか。書簡を送ってきたのを（宗春）公がひそかに読んでいたところ、寵愛していたお女中が、うしろから流し目で盗み見て通り過ぎていった。（宗春公は）その書簡を手早く懐にしまったのだが、その夜、彼の女中をお伽によんで行為におよんだあと、女が夜深くに寝入ったところを、枕刀で刺殺した、ということである」

宗春が奥で使っていたくノ一は、幕府の二重スパイがまぎれこんでいたものか、宗春の動静をさぐっていた。それに気づいた宗春は、秘密を封じるために、このくノ一と肌を重ね相手が安心しきって寝入ったところで、護身用の枕刀で刺し殺している。

できすぎた話である。まともな歴史学者であれば、これは作り話とするであろう。『趨庭雑話』をゴシップ集と断じて相手にしないのが、ふつうである。わたしも、そうしたいと思った。ところが、さらに調査を重ねていったところ、この話が単なる作り話として片づけられない証拠がみつかって、驚いたのである。やや時代は下るが、やはり尾張藩士の書いた随筆に細野要斎『感興漫筆《かんきょうまんぴつ》』というのがある。このなかにも、宗春がくノ一を手討ちにした秘密の事実が書かれており、さらに詳しい具体的なことが書かれているのである。『感興漫筆』によれば、死んだのは、くノ一だけではなく、もう一人、山伏がいたようである。この山伏が死んだ経緯はわからない。山伏はおそらく忍びの者であろうが、くノ一らしき奥女中と山伏の死んだ命日は「八月二日」とつたわっている。

「章善公（宗春）に一命を奉った山伏は名は某。法名は縁誉《えんよ》善通居士《ぜんつうこじ》、八月二日」

「奥女中、人呼んで赤婆々《あかばば》という。名は某。法名は善誉通縁信女《しんにょ》、八月二日」

くノ一とおぼしき奥女中は「赤婆々」という通称でよばれていたことがわかる。この二人の死については尾張藩士深田家の三代目の妻が、もともと宗春の寵愛をうけていた女で、深田家では、その秘密が「一子相伝」にされていた。しかし、年を経て厳重に秘するにもおよばなくなってきたので、幕末の深田家の当主によって、供養がおこなわれ、二人に戒名がつけられたと記されている。なぜ山伏が宗春に「一命を奉」らなければならなくなったのかは、さすがに書かれていないが、山伏は赤婆々といわれた奥女中のした行為の監督責任から死を賜ったと読むのが、ふつうであろう。二人が不義密通をしたということで処理されたのかもしれない。単純に、山伏と奥女中との不義密通事件であれば、このように二百年以上も厳重に秘密にされるはずがない。宗春の重大な秘密が隠されているのはまちがいない。

尾張藩は、木村奥之助という山伏の甲賀忍びを頭として、五人の甲賀者を、この時期に召し抱え、さかんに諜報活動をおこなっていた。そのことを、わたしは甲賀の里、杉谷という長閑な村にある渡辺という家の古文書によって知った。尾張藩は徳川吉宗との政治抗争の前後、甲賀者を召し抱え、藩主は側近の近松茂矩《しげのり》という秀才に命じて忍術とくに諜報の心得を忍者から聞き取らせ、書物に編纂させている。殿様自体が、忍術・忍法の学習をはかっていた形跡がある。尾張藩への忍法の教師役が、甲賀の磯尾という山伏の村にいた木村奥之助であった。甲賀にはこのような山伏村が多かった。ちなみに松尾芭蕉は山伏村を訪れ「山陰は山伏村の一かまへ」という句を詠んでいる。こうした甲賀の山陰にある山伏の村から忍びを呼び出して、尾張藩は使っていた。

尾張藩では、こんなことをしていたのだから、藩主の宗春自身がくノ一を使ったり、使ったくノ一を逆に藩主自身の男の体でハニートラップにかけて始末したりしていても不思議はないのかもしれない。いずれにせよ恐ろしい話である。

徳川宗春といえば、八代将軍吉宗の倹約令にさからい、豪華な衣装をきて、赤い頭巾をかぶり、牛にまたがって闊歩する明るいイメージがあるが、あるいは、考え直さないといけない。はたして、宗春の実像はどのようなものであろうか。吉原で、美しいくノ一候補を絵姿をもたせて探させ、諜者に使い、秘密を守るためには口封じに殺すこともいとわない忍者使いの殿様であったのだろうか。

美しい女忍者の存在を学問的にたしかめるわたしの旅は、まだつづく。

明治維新を起こした奇才　頼山陽

頼山陽《らいさんよう》という名を聞いて、何をやった、どんな人なのか、今やわからない人の方が断然多くなった。このことは一種異様な事態といえる。頼山陽は、戦前までは日本で一番有名な人のひとりで、大人から子どもまでその名を知らない人は、まずいなかった。彼の書画は戦前、掛け軸一本で家が一軒買えるといわれるほど高価なもので、憧れの偉人であった。それが今や、骨董屋さんで十万円ちょっとだせば、書が買えるようになってしまっている。

頼山陽ほど、戦前から戦後にかけて価値や人気の下落した歴史上の人物は稀である。軍国主義者なら、戦後排撃され酷評を受けることも理解できるが、彼は町人文化が華開いた江戸後期を生きた人である。儒学者や漢詩人と評す人もいるが、本人は自分のことを歴史家と考えていただろう。

頼山陽を一言で評するなら「日本人の歴史意識を創った人物」である。近世末から近代にかけて、頼山陽は多くの日本人に影響を与えた。本来なら歴史教科書の近世の項に大きく取り上げられてもおかしくない人物といってよい。

『日本外史』は、頼山陽が書き、没後に出版され大ベストセラーとなった歴史書である。源平の争いから徳川までの歴史が、武家の興亡を中心に、流暢な漢文体で書かれている。この中で山陽は「天皇の治める時代が歴史の中では永く、それが日本の本来の姿だ」と人々に見せてしまったのである。つまり、徳川幕府の支配は平常の姿ではないと暗に暴露した。

幕末期は外からの荒波がひたひたと押し寄せ、どのようにかいくぐっていくかという分岐点で、志士たちは、彼の『日本外史』から、王政復古の思想を読みとり、大きな影響を受け、そして時代は明治維新へと向かっていった。それゆえ、彼は「明治維新を起こした人物」といっても過言ではない。

日本人の歴史意識はこの一五〇年の間に、三人の人物によって創られたと私は考える。まず、江戸後期の頼山陽、その影響を大きく受けた徳富蘇峰《とくとみそほう》（大正から昭和初期に活躍）、そして戦後の司馬遼太郎である。なかでも、頼山陽は別格で、その著書は他の二人の何倍もの影響力があったといってもよい。それは絶大なものであった。

頼山陽の著書は生前の評判もさることながら、死後も勢いは止まらず、十数年後、頼家と契約を結んだ川越藩が『校刻日本外史・全11冊』を出版すると爆発的ベストセラーとなり、明治三二年までの五十数年間、毎年五千から六千セットが売れ、川越藩主は巨万の富を得たといわれる。また、頼家からも『日本外史』が出され、訳注本なども含め、百種類近くの関連の本が出版された。

江戸後期から明治期にかけての教養人で頼山陽の著書を読んでいない人は皆無といえる。司馬遼太郎にしても、頼山陽『日本外史』と徳富蘇峰『近世日本国民史』をよい意味でタネ本にし、そのうえに独自の文学を築いている。

この三人中、問題を複雑にしたのが徳富蘇峰（小説家徳冨蘆花の兄）であろう。進歩的平民主義を提唱し、民友社を創立して『国民新聞』などを刊行したが、日清戦争の頃から国権主義に転じて（右傾化）、戦後は戦犯として公職追放となる。その時なぜか、この蘇峰とワンセットにされて頼山陽も時代から切り捨てられてしまう。それが頼山陽が忘れ去られる大きな原因となった。

江戸知識人の最高峰

頼山陽ほど日本語を知りつくしていた人物は他にいないといってもよい。海外と隔絶され、外国文化の影響力が極端に小さかった江戸の世は、いいかえれば、「日本を極めた時代」であった。その江戸の知識人の最高峰が頼山陽である。歴史家は、歴史を研究し記録するだけの人間ではない。卓越した歴史家は、「歴史書を書くことで歴史を動かす存在」となる。

中国の司馬遷がそうであったように、その歴史書に突き動かされた人々がまた、新しい歴史を創ってゆく。頼山陽の『日本外史』をはじめとする著作群もそれであった。読んで感動し影響された人々によって明治維新への流れが生じた。頼山陽の著は通史を語り、もともと朝廷、つまり、天皇がこの国を治めていた史実を雄弁に語っていた。そのため、すべての志士のバイブルとなった。初代総理の伊藤博文が頼山陽の本を愛読していたことは有名で、ほかの明治の政治家や学識者たちも維新後も頼山陽の著書をしばしば手本にした。

頼山陽の歴史書の特長は、簡潔で美しい日本語の文章力である。『日本外史』は美しい漢文体で書かれ、そのリズム、情景描写の見事さ、簡潔さ、どれをとっても漢文調日本語の最高峰といってよい。

「鞭声粛々《べんせいしゆくしゆく》、夜河を渡る」は有名な川中島合戦の一節で、短い文章のなかに上杉軍が武田軍の裏をかいて、犀川を渡る様子が見事に描写される。夜討ちなどをかける時は、枚《ばい》と呼ばれる口木を馬にくわえさせ、音をたてずに移動する。馬を進める鞭の音もひっそりと、静まりのなかで、真暗闇の犀川を渡る上杉軍の描写からは、この後の決戦を予感させる緊張感まで伝わってくる。

彼の思想が明治維新を生んだ面がある。と同時に、彼の文章は現代語を生んだ。頼山陽の影響を受けた夏目漱石や正岡子規ら明治の文学者が最初の現代語を創りだし、それが菊池寛や芥川龍之介、その後の川端康成や三島由紀夫へと代を重ねて影響を与え、現在の文体ができている。

県や郡を置くときも、彼の郡県制や封建制についての日本中国比較論が参考にされた。つまり、現在、○○県というのも、頼山陽の影響を否定できない。今日、神奈川県、千葉県などと普通に使う県という言葉も、江戸時代の藩が廃止された時、明治政府の人々が、頼山陽の著書で読んだ『郡県の世』を天皇による中央集権のモデル（対して、江戸時代は封建の世）としたことから使われるようになった呼び方である。中国では『県』より『郡』の方が大きな行政区分であったが、『郡』という呼び方は既にあったため、旧来の藩の代わりに『県』をあて、『県』の下に『郡』がある中国式からすれば奇妙な行政区分となった。

頼山陽の父親・頼春水は、商家の出身ながら、西日本一といわれた儒学者で広島藩に数百石で召し抱えられていた。儒学者で数百石の俸禄というのは破格の待遇である。西日本ではトップクラスの高給取りの学者であった。今でいうと、京都大学や九州大学の総長ぐらいの扱いである。

歌舞伎役者が、世襲を望んで美しい妻を求めるように、春水も学者の家を、生まれた子に継がせるべく、賢い女性を懸命に探した。そして、学者・飯岡義斉の娘・静子（梅《ばい》颸《し》）を選ぶ。梅颸は、父からもらった号であり、梅の花が咲きにおう春風の意味であった。梅は学識を象徴する花である。彼女は二六歳から死ぬまでの五九年間、休まず日記

（梅颸日記）を書いている。これだけをとっても、ただ者ではない。そういう女を母に頼山陽は生まれた。

果たして、二人の間に生まれた久太郎（山陽）は特別な頭脳をもっていた。非常の才といってよい。それが、数え年五歳頃から母親の英才教育を受けた。

六歳の時、庭に出てずっと空を見上げていた頼山陽少年は母に「天とは何か？」と問うた。儒教で天は最高の存在で、皇帝さえ天から位を授かる。頼山陽少年はその天という存在に興味をもった。この質問に母はこう答えた。「天が円く見えるのは大地が円いから。太陽や月や星もこの大地と同じで、日夜動いている」と教えた。教えられた山陽は、空を見あげ、「不思議だぁ、わからない」と泣き出し、しばらく空を仰いでは、考え込んだり泣いたりしたという。

頼山陽少年は物心ついた時から漢文を徹底的に教えこまれている。ゆえに、幼少にして、すでに立派な漢詩を詠めた。

あるとき、父が旅から帰る予定日に頼山陽は途中まで迎えに出た。しかし、父はその日帰ってこず、父かと思った人影は麦を担いで通り過ぎる百姓であった。家に戻った七歳（満五歳）の頼山陽は母に「家君、不返。唯麥歸＝家君（父）返らず、ただ麦帰る」と、簡潔な表現で、その情景を見事に伝える漢詩を書いて渡し、母は大変驚いた。

ただ、山陽は変わり者で、母は手を焼いた。母の日記には、わが子について「無言、気重し」「狂気の様なるごと物事に疑い深し」などと頻繁に書かれている。山陽は天才にありがちな、狂気もたたえていた。

十三にして古の賢聖を志す

だいたい、百年に一人ぐらい、臨場感あふれる著述力で歴史を動かしてしまう歴史家が現れる。南北朝時代の争乱を描いた『太平記』の作者といわれる小島法師などもそうである。山陽は早くも十三歳の時に次のような詩を詠んだ。「十有三の春秋…（中略）…安んぞ古人に類して千載青史に列するを得ん＝古の賢聖や豪傑のように永久に歴史書に記されるような人になりたい」。頼山陽のその後の人生を暗に示している。

幕末の志士たちのバイブルとなった『日本外史』は、頼山陽が二十歳頃までに大部分が書き上げられている。頼山陽は他にも、『通議』といって税制史や社会史、経済史など各分野別の古代からの通史をいくつも書いており、むしろ、私はこちらに驚嘆する。こうした発想で書かれた通史は当時斬新なものであった。

しかし、広島の片田舎では歴史の研究をさらに深めようとしても文献がない。なお一層の研究をするためには江戸か京へ行くしかない。一八歳の時に江戸の昌平黌へ遊学するが翌年帰国してしまう。病弱で精神的に不安定だったことが原因であろう。その傾向はますます強まり、二一歳の時、大叔父の弔問へ行く途中に姿をくらまし、そのまま出奔して京の知り合いの家へ潜伏した。しかし見つかって連れ戻される。脱藩の罪は重い。

重い罪になってもおかしくないほどの事態であったが精神障害を理由に幽閉され、家を継がない廃嫡という処置ですまされた。

これがかえって頼山陽にはよかった。家という束縛から逃れ、比較的自由に動けるようになった。その後、父の親友である菅茶山《かんちゃざん》（漢詩人）の塾で塾頭を勤め、やがて、念願の京で私塾を開くのである。

天才のとび方とリズムが生みだす魂を打つ日本語

周囲から見れば頼山陽の行動は人並み外れていた。男女で並んで歩いたり、好きな異性に自由に思いを打ち明けることなど少ない時代に、恋する女性の絵姿を肌身離さず持ち歩いた。山陽は二百年ぐらい時代を先取りした行動をとっていたといってよい。

真の天才とは時間と空間を超越した存在である。その時代や社会の範疇におさまりきれない思考をして行動をとる。

こういう天才は他にもいる。岩手の農村を見ながら育った宮沢賢治は、壮大な宇宙観のもと、エスペラント語を駆使したり、夜空に銀河鉄道を思い描き、イタリア名のジョバンニやカンパネルラと名づけた主人公を登場させて、オペラのようなファンタジーあふれる物語を描いた。それが今も、私たちの心を打つのは、彼が時代と空間を超越しているからである。

天才には天才のとび方というものがある。頼山陽がある夏の暑い日に出した手紙にはこう書かれている。「これほどの暑さは、それがしへソの緒を切ってから初めて…」。凡人なら、「猛暑で」とか、「生まれて初めての暑さ」と書くところを「へソの緒を切ってから初めて」と書く。イメージとともに山陽の抱く思いが伝わる表現で、手紙をもらった相手は、その言葉を二度と忘れることがない。頼山陽の手紙は小気味の良いリズムで、本質的なこと、自分の抱く想いを的確に伝える独特なものが多い。物事を表現するときのすぐれた手本といってよい。

今日よく使われる「進退きわまる」という言葉も、山陽が『日本外史』のなかで、平重盛に使った表現からひろまったものである。後白河法皇の鹿ヶ谷の陰謀が発覚すると、激怒した平清盛は出兵を決意する。これを息子の重盛は諫めるが清盛は聞き入れない。「欲忠則不孝。欲孝則不忠。重盛進退。窮於此矣。＝忠ならんとすれば孝ならず、孝ならんとすれば忠ならず、ここにおいて重盛、進退きわまれり」。

また、晩年邸内に書斎を建て山紫水明処とした。これは今では山水の美しい景色を表す言葉として使われている。これらはひとつの例に過ぎないが、頼山陽の言葉は現代社会のいたるところで使われている。

今日の教育の問題のひとつに、「読めないゆえの本離れ、表現力の欠如」があげられる。その原因ははっきりしている。読ませる量が極端に少ないからである。一晩で読み終えてしまうほどの分量の文章を、一年かけて教える。その中にある名文を教える場合でも、「なぜ、それが名文なのか？」「どういう理由で心を打つのか？」ということまで教えない。そこを理解させないと意味がない。

少し前、『声に出して読みたい日本語』という本がベストセラーになった。声に出して読むということはとても重要である。この場合、上手に朗読する努力が必要で、声に出して美しく読むことでセンスや感性も磨かれてゆく。本を読むことが好きな子どもが増え、自分の思いを的確な言葉で伝えられる子どもが育ち、日本語のレベルが上がれば、日本全体の知的水準は向上する。

名文の朗読によって日本文化を楽しめる教育こそが今必要である。その意味で頼山陽の漢詩読み下し文は最高の教材となる。元々の漢文の美しさもさることながら、読み下し文がとてもリズムのよい美しい日本語となっている。これ以上のお手本はなかなか見つからない。

群を抜いた文筆家であり歴史家であった頼山陽の影響を受け、明治維新が起こり、歴史は動かされた。たしかに、頼山陽の歴史著述は、現代からみれば事実誤認も多くある。しかし、歴史物語としてみれば名文の宝庫で、国語のお手本とするには何の問題もない。名文には人や世を変える力が宿っている。それが史実である。

参考資料　安藤英男編『頼山陽伝』（近藤出版社）

明治維新を支えた武士の人材育成術

「武士」とは何か。一見わかりきった問いに思える。しかし、これに精確に答えるのは実は難しい。そもそも「武士」は「領主」なのか「官僚」なのか。もっといえば、本当にひとくくりの集団といえるのか。これは専門家でも簡単には答えられない問題である。優れた先行研究は数多くあるが、ともすれば「近世武士」とひとまとめで論じられることが多く、地域的にも研究が偏ってきた。

私は、二十代のほとんどを、日本列島を縦断する「古文書旅行」で費やした。全国の城下町を訪ね歩き、全国百以上の藩士文書を調査した。見えてきたのは、江戸時代の武士たちの多様さであった。

一言で「武士」といっても、大きな藩では十段階以上の格付けが存在した。上は将軍や大名から、旗本や御家人といったいわゆる「侍」、その下が馬には乗れず徒歩で戦う

「徒士《かち》」となっていた。広く取ればここまでが「士分」にあたり、さらに下の足軽、中《ちゅう》間《げん》などの奉公人とは、身分的に大きな隔たりがあった。当然、その格付けによって、担う役割、生活様式ばかりでなく、忠誠心やふだんの心構え、近代的に言えば、自己認識や世界観まで、すべてが大きく異なっていた。

さらに都市化の進んだ藩と、中世的な兵農未分化の状態を色濃く残した藩とでは、武士のありかたは大きく異なる。その研究を博士論文としてまとめたものが、『近世大名家臣団の社会構造』（文春学藝ライブラリーとして文庫化）である。

本稿では、その中でも、武士の人材育成、人材登用について紹介したい。長い近世において、世襲の武士身分が支配層であったことは間違いない。では、その中でいかなる人材登用、人材育成がおこなわれていたのか。

明治維新の立役者たちは、ほとんどが「下級武士」といわれる。では、具体的にはどのような階層だったのか。

階層が高かったのは、早稲田大学を創設した大隈重信、自由民権運動で知られる板垣退助、外相として条約改正を実現し、〝カミソリ陸奥〟と異名をとった陸奥宗光である。大隈の家は佐賀藩で知行三百石の石火《いしび》矢《や》頭人《とうにん》（砲術長）、板垣の家は土佐藩三百石の馬《うま》廻格《まわりかく》、陸奥の父は紀州藩で五百石取りの勘定奉行兼寺社奉行であった。長州に目を向けると、高杉晋作が二百石の大組士、藩医の家から百五十石の桂家に養子入りした桂小五郎、やはり大組士百石の井上馨などは、比較的身分が高い。

しかし、それ以外の多くは中級以下の出身である。なんといっても維新の中心人物は、薩摩藩の西郷隆盛と大久保利通であるが、彼らは三十石から五十石、他藩でいえば徒士層に当たる。黒田清隆に至っては家禄わずか四石。旗本の勝海舟、佐賀藩の江藤新平や副島種臣、中津藩の福沢諭吉も、よくて数十石という徒士層の家に生まれている。

さらには、近代国家の骨格を築いた長州の維新第二世代、山県有朋は中間出身であり、伊藤博文はもともと百姓の家で後に中間に転じたもので足軽ですらなかった。

つまり、近世社会が行き詰まり、日本を近代へと転回させた人材の多くは、旧徒士層以下から輩出されている。その理由は、これから詳しく述べたい。

今の日本も、社会の大きな転換期にある。次代を支える人材はどのように育てていくのか。そんなことを念頭に置きながら、近世武士社会を見ていきたい。

「士族」制度が誤解のもと

冒頭でも少し触れたが、江戸時代の大名家臣団は大きく三つに分かれる。「侍」「徒士」「足軽以下」である。

岡山藩の例でいえば、領民を抱える百石取り以上の侍は五百人ほどである。その下に千百人ほどの徒士層がいた。さらに徒士の三倍ほどの足軽以下がいる。もちろん藩によって異なるが、標準的には、おおむねこのような人口構成だったと考えてよい。

侍は「上士」とも呼ばれ、家老、番頭（侍大将）、物頭（足軽大将）、平士（馬廻）などの家格があった。その家格は代々世襲によって受け継がれる。戦があった時代は、馬に乗り、物頭以上が指揮官、平士は自前の家来を引き連れて戦っていた。

それに対し、徒士は、侍に伴って、徒歩で戦う武士たちである。近世前期には、一代限りの色彩が濃く、家督が継げない侍の子弟や、体格の大きい屈強そうな男などを採用していた。後には、これも世襲となる。時代が進むにつれ、この徒士層は官僚的な役割を果たすようになった。

ここで強調したいのは、「侍」「徒士」の士分層と、「足軽以下」とは大きな隔絶があることである。

そもそも足軽、中間などは家臣団に属してはいるが、いわば奉公人であり、身分としては百姓・町人に近かった。世襲する例もあったが、原則として「一代抱《いちだいがかえ》」であり、百姓や町人といった町方から採用されていた。

そこで、この徒士以上と、足軽以下を一目で峻別するシンボルがあった。それは「袴《はかま》」です。刀に関しては、足軽も外出時の帯刀を義務づけられていたが、通常は袴を着けてはならなかった。

日常生活においても、足軽は、士分に出会ったときは、下駄を脱いで深々と頭を下げなければならない。格式に厳しい藩では、土下座が義務づけられていた。また、百姓・町人同様、何かあれば無礼討ちの対象にもなった（士分同士では私闘となるため、争いに刀を使用することを禁じられていた)。

これほどの違いがあるのに、「武士」とひとくくりにされてきたことが不思議に感じられるが、その一因は、明治の「士族」制度にあった。周知のように、明治に入り、従来の身分制度に替え、華族・士族・平民という区分を設定したが、実はこのとき、上士出身の木戸孝允は、爵位として、公侯伯子男の下に「士爵」を設けようと構想していた。つまり、侍(上士)と徒士層の間での線引きを考えていた。ところが、明治十年に木戸が死ぬと、それを引き継いだのは伊藤博文や山県有朋らであった。

面白いのは、このとき、いきなり武士をひとまとめに「士族」とはしなかった。はじめは、侍と徒士は「士族」、足軽、中間は「卒族」と分けたが、「卒族」は二年で廃止され、世襲していた家は「士族」へ、一代限りだった家は「平民」に編入された。その背後には、伊藤、山県だけではなく、維新の戦いに参加した数多くの足軽層の強い要望があった。

「領主」と「官僚」

では、「侍」と「徒士」では、どのような違いがあったのか。それを一言で言うなら、「領主」と「官僚」の違いである。身分が上がるほど「領主」としての性格が強くあらわれ、下がるほど、「官僚」の色合いが濃くなる。それによって、彼らが重視する能力、振る舞いも大きく異なった。

侍（上士）はいわゆる「知行取」である。主家である大名から土地を与えられ、そこに自分の家来たちを住まわせ、家名を守っていくのが、彼らのつとめであった。自らの土地を所有し、家臣を抱えているという点で、上士は「領主」的な存在でもあった。その意味で、ある種の独立性を保持することもできた。藩主と大きな知行地を持つ上級武士の関係は、対等とはいえなくても、私たちが想像するほど厳しい上下関係になかった。

近世前期において、その領地は、まさに実力によって勝ち得たものであった。合戦での働きなど、主人である大名にどれだけ貢献できたかによって、知行の多寡が決まっていく。弓馬の実力、采配、情勢判断の的確さが、戦場という現場で、常に試された。

しかし、時代が進むと、それは大きく変わる。

たとえば「忠臣蔵」の大石内蔵助は、赤穂藩浅野家の筆頭家老として千五百石の禄高があったが、これは先祖が大坂夏の陣で首級を二つとった功績によるものであった。つまり、多くの場合、先祖の功績などの〝過去の伝説〟で、家禄は決まっている。裏返せば、自分の実績や能力は出世にあまり影響しないということである。学問や武芸に励むより、むしろ親戚づきあいに熱心なほうが、身分の安泰には重要だった。

それに対し、大名家が多数の鉄砲兵や槍兵を抱え、領地を支配するためには、管理能力に優れた官僚が必要となる。イメージとしては、豊臣秀吉を支えた石田三成のような存在を思い浮かべるとよい。

江戸期に入り、その官僚としての側面を担うようになったのが、徒士層であった。徒士には、自ら所有する土地はない。「切米取」「蔵米取」として藩から俸禄を受け取る、いわばサラリーマンに近い。給料だけでなく、武器や衣服も藩から支給された。それぞれの家に伝わる、独自のファッションをしているのが上士、ユニフォーム（サラリーマンの背広姿も一種の制服です）で身を固めているのが徒士であった。

上士とは違い、徒士は官僚としての実務をこなさなければならない。そのため、事務的な実力が問われる。家督相続時には筆跡と算盤の試験があった。能力がなければ、職務を果たせない。そのかわり、能力が認められ、上司や同僚からの評判が高くなれば、出世も期待できる。したがって、徒士層は総じて勤勉であった。

こうした「侍」と「徒士」の違いは、気質の違いとしてもあらわれる。

百石以上の上士は、藩主に仕えながらも独立性が強い。彼らは、藩主個人に臆することなく「御家のために諫言」をする譜代の家臣である。そのため、思ったことをずけずけ言う者も多い。本人に資質とやる気があれば、大いに能力を発揮するが、その逆のケースはどうしようもない。明治維新で活躍した顔ぶれを見ても、上士出身の高杉、大隈、板垣は個性が強くマイペースである。

維新の志士に、上士が少ない理由の一つは、彼らは何よりも自分の家が大切だったからである。外国との戦争が起きるかもしれないという危機に、上士は役に立ちにくかった。彼らは、自分の家という「独立国」の維持が主たる関心事であった。

一方、徒士は恵まれていない。現状を変える必要を強く感じていた。そこで現状変革にむかったのは、下級武士出身の志士が多かったといえる。

江戸の教育改革と近代化

徒士層から優れた人材が輩出した背景には、教育制度と登用制度の改革がある。それは伝統的な身分制度から能力主義への移行であった。

主要な藩で、能力主義の制度が見られるようになるのは、一八〇〇年代に入ってからである。松平定信による寛政の改革（一七八七〜九三年）で幕府が昌平坂学問所を直轄化し、旗本・御家人層を対象に学問吟味、年少者を対象に素読吟味を実施しはじめると、諸藩もそれにならって藩校を開いた。

この時期、幕府は財政難で完全に追い込まれ、海の向こうから外国の船が次々と来航するという脅威にさらされた。危機的状況の下、求められたのは有能な人材であった。天明（一七八〇年代）、天保（一八三〇年代）と相次いで大飢饉に見舞われた東北で、藩の建て直しを急ぐ米沢藩、会津藩などが、いち早く教育改革に力を入れたのもそのためである。学問所や藩校は、教育機関であると同時に〝優れた人材の吸い上げ機能〟を持っていた。

いくつかの藩では、藩校をつくって登校を義務化し、各人の成績を藩が把握していました。そして、成績を処遇に反映させる。佐賀藩、会津藩、熊本藩などでは、藩校の成績が悪ければ、禄高が減らされたり、一部を返納したりという制度も設けられた。当然、能力主義となるから、従来の身分制は意味を失う。家老の子に生まれたら家老職に就くはずが、藩校の成績で職が決まりかねない。近代官僚国家のトバロが開いた、といえる。

ここで懸命に勉強したのが徒士の子弟たちである。徒士は役付きにならなければ収入が少ないため、学問にも意欲的であった。

一方、上士の子弟は藩校での教育に不向きであった。どの藩校でも問題になったのは席順である。年齢順や成績順で席順を決めれば、家老の子が徒士の子の下座になることもありうる。上士にそれは耐えがたい。それで鳥取藩では、上士と徒士で校舎を分け、カリキュラムも別にしている。徒士のクラスには算術があるが、上士にはない。銭勘定のような俗な学習は無用とされたからである。

江戸後期の歴史をみると、教育改革が社会のありかたを変え、成果としてあらわれるまでには、親子三代、おおよそ五十年から六十年かかっている。新しい教育を受けた第一世代が組織内に登場し、それにならおうとする第二世代が生まれ、第一世代が組織のトップとなり、家庭でも子や孫に早くから教育を施す。

よく「日露戦争までの日本人は偉かった」という言い方がされるが、厳密にいえば、その中核を担ったのは、士族のなかでも、江戸後期の教育革命を経た、「徒士の文化」

で育った人たちであった。乃木希典《のぎまれすけ》、大山巌《いわお》、児玉源太郎など、日清・日露戦争の将軍たちは、徒士出身が多い。『坂の上の雲』で有名な秋山好古《よしふる》、真之兄弟も伊予松山城下の徒士町の生まれ、微禄の徒士の家であった。彼らは、国家への責任意識の強さを持ち、高い教育を受け、そして軍隊のような組織行動に向いていた。

一八〇〇年頃から武士の教育に力を入れた藩は、幕末には雄藩となっていた。そして、幕末から明治にかけて、五十年ほどの間、有為の人材を世に送り出した。教育が国家百年の計というのも、うなずける話である。

「夜話」のリアリズム

このように、藩校システムは日本の近代化を準備したが、それなりの弊害も生んだ。その傾向は、あるいは現代にも通じている。それは、人間を均質化してしまう点である。いまの日本人は、何でも右にならえといった付和雷同性が強いが、これは明治以後の西洋型の近代学校教育に過度に適応してしまった結果といえる。

もうひとつ、儒教、ことに朱子学というきわめて抽象的な学問を軸にした藩校教育は、ともすれば観念的、理念的に、君への忠や親への孝など、上へのつとめだけを強調しすぎるきらいもあった。ここでは、自分が生き抜く力は二の次であった。これも、昭和の敗戦の悲劇に通じるところがあった。

その意味では、現代の我々が参考にすべきは、むしろ藩校教育以前の、近世前期の武士たちが行っていた、より実践的できわめてリアリスティックな教育システムかもしれない。

先にも述べましたが、戦国から江戸のはじめ、武士の世界は徹底した実力原理で動いていた。戦場という現場から学び、その経験を生かして、次の戦いにむけて備えるなかで、自己を鍛えていた。

では、江戸に入り、実際の戦がなくなったとき、どのようにして、武士は子弟を教育したのか。

そのひとつが「夜話」というものであった。加賀藩前田家などの史料を読んでいくと、夜や雨の日に集まり、車座になって、先輩たちから戦場での戦い方など、さまざまな経験談を聞いた、という記録がある。実際に戦火をくぐって生き残った武士の話だから、そこには実利的な知恵が詰まっていた。

伊予松山藩主から会津初代藩主となり水口藩祖となった加藤嘉明が書き残したものを読んで感心したことがある。「城の便所をつくる際、気をつけることは何か」。答えは「天井を高くすること」だという。なぜなら、城が攻められて合戦になれば、背中に旗《はた》指物《さしもの》をつけたまま便所に走り込むからだ、と。近世前期の武士は、こうした徹頭徹尾リアルな考え方をしていた。

夜話での教育は、しばしばこうした質問の形をとる。聞く側は、自分ならばどうするか、というシミュレーションを行う。たとえば井伊直政の遺した『井伊軍記』には、「負け戦になって味方とはぐれたらどうするか」とある。その答えは、「高い山に登る」。尾根筋から味方の状況を判断して行動せよ、という教えである。

これを読んで、私が思い浮かべたのは、会津の白虎隊の悲劇である。戊辰戦争に際し、敗走した彼らは飯盛山に登った。そこまでは良かったのですが、会津城からあがる煙を見て、すでに城は落ちたと思い込み、切腹してしまった。近世前期の武士ならば、おそらくこうした行動はとらない。まず状況を詳しく知るために、斥候に行くなどの行動を取ったであろうし、敵を一人でも倒して死ぬのでなければ死ぬ意味がない、と考えたに違いない。

白虎隊が十六歳前後の少年たちだったこともありますが、私はここに藩校教育の弊害をみる。彼らは、おそらく藩校の日新館で、武士のあるべき姿として、いざとなれば主君のために命を投げ出す覚悟を叩き込まれたはずである。「ならぬものはならぬ」式で何度も反復するように心に染み込ませていた。その心延《こころば》えは確かに美しいとされたが、合戦でどう行動すべきか、戦果をあげる、という実利的な教えよりも、「忠義」という抽象概念が重視されていた。

戦国武士は極めてリアリストですから、観念論には陥らない。簡単には死なない。「便所の天井を高くする」のリアリズムを失うと、たいへん美しい武士にはなれても、実戦で粘り強く戦うことはできなくなる。全員が同じ頭で考える軍隊は、統率が執れているようで意外に脆い。

ところが、江戸期になっても、戦国的な「夜話」に通じる教育システムが生きていた藩もある。薩摩藩の「郷中《ごじゅう》教育」である。薩摩藩は兵農分離がそれほど進まず、城下だけでなく、周辺の広い農村部には自ら田畑を耕す郷士が住むという中世的な風土を残していた。そのためか、その教育も、きわめて実践的なものであった。薩摩は会津とは、対照的な戦国型教育をしていた。

薩摩では、そもそも学びの場、その日の教室からして、子供たちが自分で探さなければならなかった。毎日、六歳くらいから十五歳くらいが一カ所に集まるのであるが、子供たちが自分で、近所の人たちと交渉して、その日の集会場所を借りる。あらかじめ用意された藩校に通うのとは、出発点からして違った。

そこから各自ばらばらに勉強したい学問や武術の先生のところへ出向く。漢籍を学ぶ者、軍学や槍術を学ぶ者とばらばらで、そして勉強が終わると、また集まって、今日は何を学んできたかを先輩たちに報告しながら振り返った。本人にとっては復習になり、全体にとっては学問や技術の共有になる。もう一つの特徴は、肚《はら》を割ったヨコの議論をし合うことであった。互いの短所を遠慮なく指摘し合い、先輩に「志とはなにか」と訊ねられ、「国家に志す丹誠である」と答えると、今度は「丹誠とは何か」と問われる。これをとことん繰り返す。また「詮議」といって、実際にはない状況を設定し、それに対する解決策を考えさせる思考訓練も盛んになされていた。こうした教育風土で、西郷、大久保が育ったのである。

対面教育の復活を

もうひとつ、藩校以前の教育で注目したいのは、師と弟子が一対一で向き合う対面学習が一般的だったことである。しかも、学ぶ側がこれはという師を求めて、遍歴する。これは意欲的な人にとっては学習効果が高く、たいへん効率的な方法となる。その半面、学習意欲が低いと、学ばず、どうしようもない人材も大量に生まれる。だから、近代では学校システムが優勢になったが、今こそ見直す価値のあるシステムであろう。ともすれば、均質化、標準化に向かう学校教育に対して、マンツーマン型の教育は多様な人材を育てる。同じ先生についたからといって、同じような弟子が育つわけではない。先生との関係性、興味のありようが、一人ひとり異なるからである。

そこで重要になるのは、教える側の姿勢である。先生と呼ばれる人は、損得勘定を抜きにして、とことん学ぶ者の面倒を見るという文化が、そこにあった。いかに忙しくても、紹介状一枚あれば、どんな相手にも門戸を開き、自分が知っていることを話した。師と見込まれると、時には何カ月も家に住まわせ、場合によっては食事も与え、何も見返りを求めずに、自分の知識をすべて授けて送り出す。現代の日本で、こうした近世の学びの仕組みを、幾分、残しているのは、落語界ぐらいであろう。

さらに特筆すべきは、学ぶ意欲のある者、人に教えられるだけの思想や知識を身につけた者は、身分を越えて認められる面があった点である。吉田松陰の松下村塾にしても、江川坦庵の江川塾にしても、上士、徒士、足軽などの身分の区別なく、門戸を開いていた。松下村塾から伊藤、山県が出たのは偶然ではない。

私論　乃木希典

リュックサックを背負って、下関の長府図書館に転がりこんだのは、大学院生の頃であった。目的は長府藩士の系図を撮影することであった。しかし、すんなりと許可が下りない。長府の町には武家屋敷が残り、なかに子孫がまだ住んでいる。系図には藩士家の内情が書き込まれているから、撮って欲しくなさそうであった。それでも、はるばる東京から来たというので、館長さんが丁寧に応対してくださった。雑談するうち、館長が「うちには乃木さんの文庫がある」と、いいだした。たしかに日露戦争の将軍・乃木希典は長府藩の出身である。乃木が所蔵していた本であるから、手沢本であって、乃木自身が引いた線など書き込みがあるという。「ぜひ、みたい」というと、館長はうれしそうに乃木文庫の入り口まで、わたしを連れていった。日露戦争で戦死した乃木の息子二人の日記や作文がきっちり縄で結ばれて保管されているのが目についた。乃木の親心にふれた気がした。突然、館長がニヤリと笑い、「こんなものがある」と、一冊の本を差し出した。

そこには『クロパトキン回想録』と書かれていた。「えっ」と思った。クロパトキンは日露戦争のロシア側の最高司令官である。日本側では彼を「黒鳩」とよんでいたが、日露戦後、日本の陸軍参謀本部が、この黒鳩ことクロパトキンが出版した日露戦争回想録を和訳していたことは知っていた。パラパラめくってみると、赤鉛筆、いや、明治時代の赤鉛筆はピンク色なのか、ピンク色の鉛筆で、ところどころに書き込みがある。あまりにも生々しい。わたしは乃木がピンクの鉛筆を握ってこの本を読んでいるところを想像した。恐ろしいものに出くわしたと思った。ロシアの最高司令官の日露戦争回想録を、乃木希典が、線を引いたり、丸をつけたり汚しながら読んだ現物が残っているのである。あの戦争の時、敵の最高司令官は何を考えていたのか、乃木は知りたかったのであろう。いろんなところに、○印をつけている。これをたどっていけば、クロパトキンの戦争指導についての乃木の見方がわかるに違いない。だが、そのときは長府藩士の系図調査が目的であったから、簡単なメモをとっただけで、帰った。しかし、十年たち十五年たっても、この『クロパトキン回想録』のことが忘れられない。遠くにいる恋人のように思えてきた。もう一度みたい、と思っていたところに、原稿依頼がきた。わたしは一も二もなく、この「恋人」のことを文藝春秋の編集者にうちあけた。編集部が奔走してくれて、今回、乃木希典手沢本『クロパトキン回想録』の写真を入手することができた。

乃木が読んでいたこの回想録は二巻組である。参謀本部は日露戦後も、クロパトキン関係の情報収集と分析をつづけ、『クロパトキン回想録』を「其一」「其二」の二分冊にして、明治四十三年六月に偕行社から発行している。参謀本部のクロパトキン関係の出版はこれだけでない。つづいて翌明治四十四年三月に『BA氏ノ記憶セル露日戦争ニ於ケル「クロパトキン」』をやはり偕行社から発行している。こちらのほうは、今日、乃木文庫のなかにはない。

毎日四時間の読書

したがって、乃木が『クロパトキン回想録』を手に入れて読んだのは、明治四十三年六月からその死の明治四十五年九月までの二年のあいだということになる。この時期、乃木は学習院の院長であり、猛烈に読書をしていた。乃木は院長になると、学習院に寄宿舎をつくり、そこに生徒を収容して教育した。それだけではなく、乃木自身がこの寄宿舎に住んだ。寄宿舎の会議室に自分のベッドを入れて、そこに寝泊りした。別に、会議室などに棲まなくてもよかったのだが、わざと院長用の宿舎は使わず、生徒たちと一つ屋根の下に暮らし、同じ釜の飯を食べるのにこだわった。

風呂も一緒に入ったらしい。これについては、当時、学習院にいた戸沢冨寿（旧出羽新庄藩・子爵家次男）の証言がある。学習院の坊ちゃんのなかには、身体を洗わずに湯船に飛び込むものもいた。すると、乃木は「なんだ。ケツの穴を洗え、洗ってからはいれ」」（金沢誠ほか編『華族　明治百年の側面史』）という。湯加減も自分でみた。食事は全寮の生徒を食堂に集め、軍隊式にラッパの合図で一斉に食べさせたが、乃木はラッパが鳴る前に食堂にならんだ生徒の食べ物をみてまわり「脂身の多いわるい肉などがあると、そっと自分の皿と取りかえてやる」というようなことをした（同前）。

この生活は学習院院長となった翌年の明治四十一年九月から同四十五年七月の明治天皇崩御時までの四年間続いた。乃木は、生徒より早く起きて、朝は長い鎌をもって、学内の広い敷地をまわり、草が茂っていると、自分で刈っている。

乃木はこの会議室でよく本を読んだ。前出の戸沢も「お部屋では、いつも何かを読んでおいででしたね。（中略）よくガラス越しに、読書をしておられる様子が見られましたね」と回想している。「（乃木）院長の寄宿舎内に於ける楽しみの第一は、読書であったと思はれる、昼の間の事はよく分らぬが、午後六時、自習喇叭《らっぱ》の音が聞こえて寮生一同が勉強に取り掛かると同時に、院長も必ず例の総寮部の会議室に入られ、同十時の消灯喇叭の鳴るまで、大凡四時間の間は引き続いて読書せられた」（学習院輔仁会編纂『乃木院長記念録』）。この時期の乃木は、最低でも毎日四時間の読書をしていた。乃木のような江戸期のおさむらいの生き残りは死ぬ日まで学問はするものと思っている。生徒と同じように勉強するつもりであったらしい。ちなみに、乃木は音読をした。「音読は古風な読書法だと普通に言ふけれども、自分は有益であると思ふ、何となれば自ら声を発して読み、其の声を又自ら聞くのであるから、頭で分つた事を又再び耳に聞いて再考する訳で、音読には二種の利益がある」(同前)というのが、乃木の理屈であった。

これには理由があった。実は、乃木は片目しかみえなかった。左目はつぶれていて明暗がわかるだけで右目も老眼で眼鏡をかけなければ読書はできなかった。なぜ、片目になったのか。乃木は生徒に嘘をついていた。「若い時に剣術で怪我をした」といっていたが、それは嘘であった。

乃木は貧しく育っていた。家は狭く、上士の馬小屋ほどの広さしかなかった。狭いから蒲団は天井からつりさげた。夏のある日、乃木の母が、蚊帳をどけようとした。運悪く、寝ていた乃木の左目に釣り手が入った。腫れが引いたとき、ほぼ失明したことがわかったのだが、乃木は母親に悪いと思い、みえることにして、生涯そのことを隠した。その嘘が乃木にとっての「孝」であった。それで乃木の読書は慎重にならざるを得なかった。音読するのは視力が弱いせいもあった。

そういうわけで、乃木の読書法は独特で「読書の際は、意に介したる処に○符、、、、符を付し、不賛成の処には△符を付し、処々批評を記入などして、読みし月日を記入せらる」(『記念録』)というように、例のピンクの鉛筆でもって本を汚しながら読書をした。「精読された本に残つて居る色々の批点と評語」をみるだけで「院長の著書と云ふものは無くとも、是等の多数の評語に依つて、院長は如何なる思想を抱かれ、多方面に渉りて各問題に就いて如何なる意見を有せられしかが最も明瞭に判る」（同前）といわれているが、まさにそうであった。彼の思想は、この手沢本によらねば、奥深いところにまで入ってはいけない。乃木というのは著作によってよりも、読んだ本につけられた批点によったほうが、その思想が理解できる不思議な男である。

都合がよいことに、乃木は、意に介したところには○印、もしくは、、、を付け、不賛成のところに△印を付けるとはっきりわかっている。これを手がかりに、手沢本を読んでいくのは、乃木の脳内をのぞきみながら散歩するようでまことに愉快な作業である。

人間関係に関心を持つ

『クロパトキン回想録』のうち、乃木が反応し、書き込みを集中させているのは、最末尾の部分である。まず、乃木は、つぎのような記述をした上の余白に大きな○をつけている（以下、カタカナをひらがなに直し、句読点、カッコ内は筆者が補った）。

「吾人（ロシア軍人）は幼年学校を除き、何れの学校に於ても、体育の教練を受けず。然るに、今次、戦争の結果、我が将校、体育の発達頗る鈍きこと既に記述せるが如し。向後諸君は須く意を体操に、剣術に、殊に中隊教練及射撃に傾注せざるべからず」（其二）

当時、乃木は学習院院長として生徒の教育にあたっていたことから、「体育・教練」がロシア将校に不足していたことに着目したものと思われるが、そればかりとも思われない。乃木は、戦争や軍隊について、戦略の工夫とか、新兵器の開発というよりも、すこぶる人間の精神的・肉体的な問題としてとらえる傾向があった。軍隊を強くするとは個々の兵士を鍛えることであった。彼のなかでは「富国は各人が真面目に勤めなければできない。国民の精神が進んで来なければ、軍隊も強くなれまい」（『記念録』）のであり、「国民の精神が進んで来なければ、軍隊も強くなれまい」（同前）といっているから、乃木にとって「強兵」は個々人の「道徳」や「体育」に近いものとして認識されていた。

それゆえ、このクロパトキンの回想録には、なぜロシアが日本に負けたのか、その理由について、十分読み取れる箇所があるにもかかわらず、乃木はそこには全く反応を示さず、なんの記入もしていない。乃木は、戦略的に肝心なところには、まったく〇をつけていないのである。この回想録から読み取れる、ロシア軍の大失敗は次の二つであろう。

第一に、バルチック艦隊をまわして日本の制海権をおびやかしておいてから陸上で開戦すべきであった。そうすれば、日本軍はうろつくロシア海軍から国土を防衛するために、陸上兵力を分散せざるを得なくなる。ところが、実際には、逆をやった。ロシアはまず陸上で日本軍と本格的交戦をはじめ、その次に、バルチック艦隊がやってくるあべこべの順序の戦いをやった。第二に、守勢の後退戦術も裏目に出た。「クロパトキン将官は在遼陽の軍司令部に到着し、我が軍指揮上の特質は直に発揮せられたり。即ち、彼は、ミシチェンコ将官の支隊に鴨緑江の右岸に退却すべく命令せり。此の命令は戦争の当初に於て騎兵を失ふことを危ぶみたるより起れる」(『BA氏』)と、クロパトキンは着任早々に騎兵を後退させた。しかし「騎兵は軍の耳目として特に此の最初の数日に於て最も価値を有する」(同前)ものである。このクロパトキンの誤りについては日本の軍人はよく認識していた。慶應図書館所蔵本などには、どこの軍人か知らぬがこの箇所に「騎兵の使用法を誤るのみならず、志気の関係上、大なる失策と謂ふべし」と戦術評を書き込んでいる。しかし、乃木はこのような戦略・戦術評を、まったく書き込んでいない。それが乃木というものであった。

むしろ、乃木は、軍隊内部における人間関係、指揮官と兵士の関係に強い関心をよせている。たとえば、クロパトキンが「将校は下士卒との関係親密にして、恰も親子の如く(中略)兵卒が隊長を呼ぶに『隊長親父』の語を使用するは決して偶然にあらず」と書いたあとの「軍隊内部に於ける厳格は一の救助機関にして、之が為め、下士卒の過失及、多くの犯罪を防ぐを得べし。然れども、元来、下級民の性格は黠猾《かつかつ》にして、上官を詐偽するに巧なるを忘るべからず」(其二)というところに、まるで、うなずくように、大きな〇をつけるのである。

乃木が軍隊で、なにより問題とし、嫌っていたものは指揮官が「官房的職務」を行うことであった。ロシア軍の高級軍人が、経理や輸送などの文書業務に忙殺されていた弊害を、クロパトキンが指摘した部分には、よほど共感していたものとみえて、しつこく〇をつけている。「連隊長は須《すべから》く勇敢不屈にして、戦闘間、良く連隊行動の範囲に通暁する材幹あるを要す。即ち連隊長としては単に細心なる人物を選択するのみならず、平素、教練、並、精神上共に部下を心服せしめ、之を完全ならしめ得る者ならざるべからず。

然るに不幸にして、従来、我が連隊長は、徒に、経理其の他の文書事務に繁忙を極め、十分に隊列勤務に従事し、教練を行ひ、以て将校・下士卒と親善の関係を保つ能はず。其連隊長の如きは、戦術上の欠点より、寧ろ時宜に適せざる輜重《しちょう》の着装に対し、責任の重きを置けるは、二、三長官の親しく知る所なり」（其二）

〇をつけている箇所をみると、乃木が理想としていた軍人像が、はっきり浮び上がってくる。乃木は次のところに連続して四つの丸をつけている。

「〇　此時に当り、連隊長は『活動的人員』の長官と為り、官房的職務を捨て、並、武庫の傍観者たるを罷め、一意、軍隊の教練に従事するを要す」

「〇　総て長官は最も細心に部下の特質を研究するの必要あるを忘却すべからず。由来、吾人は独立の精神、気力、及、先制力に乏し。之に依り、努めて此等の気力を養ひ、努力奮励し、以て、之が啓発の途を講ぜざるべからず」

「〇　剛毅不抜の精神を有する人は、不幸にして、我が国に於ては抜擢進級の栄を蒙らざるのみならず、動もすれば嫌疑を受くるの恐れあり。即ち此の如き長官は平時に於て、不穏危険の人物を以て目せられ、硬骨にして上官の意を迎へず、為に往々其職を退くこと少なからず」

「○ 之に反し、気概も無く、定見も亦、欠乏せるに拘らず、好く上官の意図に投じ、之に盲従する者は累進の栄を蒙るを得べし」（以上すべて其二）

ともかく、現場にあって、下士卒を教練で鍛えることにのみ情熱をもやし、部下から「隊長親父」と慕われる硬骨漢が、乃木の理想的指揮官であった。補給や戦略物資に責任をもつ事務的才幹について、乃木は指揮官の仕事ではない、との意見にはげしく同意し○をつけている。何の気概もなく上司に盲従する軍人が出世するという点にも、大きくうなずいて、○を付している。乃木は陸軍大将・伯爵であり、客観的には陸軍で出世した成功者であるが、その心中には、陸軍主流派へのはかり知れない距離感があったとみていい。乃木の理想とする陸軍は、この国にはないのであり、自分の理想とする「軍隊」を学習院のなかで小さく実験していたのが、晩年の乃木ではなかったか。クロパトキンが良しとする「連隊長」の在り方を、ことごとく、学習院のなかで、子ども相手に実践しているのである。

乃木式教育の目的

このような乃木のありようから、乃木は軍国主義者である、ミリタリズムの体現者である、と考えられがちであるが、実際には、乃木の内面は、そのように単純なものではない。乃木は、ナショナリストではあったけれども、ミリタリストというものとは、少しく違う趣をもっていた。

乃木の軍隊式の学習院教育に対しては当時から批判も多く、学習院の内部でも酒井晴雄が「此のミリタリズムを如何せん」（『学習院輔仁会雑誌』第七十四号、明治四十一年三月二十四日発行）という文章を書いて乃木を批判した。乃木はその文章を赤鉛筆をもって読んだことが確認されている。乃木文庫に所蔵されるこの雑誌には、「抑《そもそ》も、本院の特長として、人も許し自己も認めて誇りしもの一あり。曰く、武課、之なり。その趣味の妙は知らず、其の善悪の利害も之を知らず。されど、本院の風規秩序のある部分が、実に、此の武課に由りて養成し維持せらる可かりし事は、又、本院の庶幾せし処なりしならん。故に、毎週三時間、炎熱の日も寒風の時も、必ず幾百の健児は校庭に出でて、武課の操練をなす。誠に本院特色の一なり」というところに、かっこがつけられている。乃木はそれに続く自分を批判した部分も読んだ。「○　況はんや、教育の本旨が此の風潮に化せられて、普通教育と軍事教育とを混動《ママ》し、若しくは現勢の必要を越えてミリタリズムを注入するが如きは恐る可きの傾向なりと云ふ可し」。驚くべきことに、乃木はこの場所に「同意」の意志をこめて、○をつけているという（諸井耕二「乃木伯爵家の蔵書を追う」『山口県立豊浦高等学校同窓会誌』平成十年度）。

乃木の教育はミリタリズムの注入が目的ではなかった。乃木は国を愛する思想をもっていたが、それは軍隊を愛する思想ではなかった。むしろ過剰な軍事主義には危惧をおぼえる思想を有していた。この点が、今日、誤解されている。明治四十三年五月十一日の昼下がり、乃木は学習院の生徒を小講堂に集めて講話をおこなった。それによってもわかる。その日は雨が降り、武課ができなかった。乃木はこう語りだしたという。「国には軍隊さへあればよいと云ふわけには行かぬ」「よその国が取らうとするのは、その国が値があるからである、富があるからである。故に国に富があれば、之を保護する必要がある」「富んだ家は戸じまりもいるし、盗人も亦狙はうとする。空家なら、そんな必要はない。之と同じで、富国の為には強兵が入用である。又強兵の為にはそれ相当の富がなければならぬ」「屋根も囲もするには、それ相応の金がなければならぬ。富国と強兵との関係は之と同じわけである」(『記念録』)

乃木の頭のなかでは、軍隊を強くするとは、国を豊かにするための手段にすぎない。あくまでも、富国が目的であって強兵を目的としているわけではない。逆に、強兵のためには富国が不可欠となる。軍隊さえあればよいというものではない。乃木だけでなく、一般に、明治人は、このあたりの国家をきりまわす感覚が、しっかりしていた。明治維新の動乱を経験した彼らは、軍事について見方がせまくなく、政治と軍事も分離しておらず、広い意味での、国益の観点から軍事を考えるところがあった。しいていえば、昭和になると、これが失なわれた。

乃木はいう。日露戦争にも「勝つて善かつたことは云ふまでもないが、或る点は困難の度も増して来た」「日本の勢力が斯く発達してくれば、外国から戦争以前の様に、一の小弱国としてはみない」から「相当の準備をせねばならぬ事になつて来て、財政上困難の状況にあると覚悟すべきであらう」（『記念録』）。乃木の軍隊についての考えは、無制限なものではなかった。むしろ国富の許す範囲内で国の戸じまりとしてのミリタリーをできるだけ強く保つ、というものであった。

漢詩に託された捕虜観

長府図書館の乃木文庫では、このほかにも乃木の思想がわかる漢詩の落書きがみつかっている。乃木は『読正続日本外史』という和本の表紙に漢詩を落書きしている。四つばかりある。「長門軍備冠西辺。毎隊精兵各千数。無怪攘夷初挙事。鋳山煮海幾多争」というものがその一つである。長門の軍備、西辺に冠たり。毎隊精兵おのおの千数。怪しむなかれ、攘夷、初めて事を挙ぐるを。山を鋳、海を煮て、幾多争う。乃木が「長州の攘夷」につよい誇りをもっていたことを示している。しかし、重要な漢詩はこれではない。乃木が落書きした漢詩のなかに、捕虜について乃木がどのように考えていたかを如実に示すものがある。殉死や切腹といった乃木イメージからは、昭和の「戦陣訓」のような「生きて虜囚の辱めをうけず」という捕虜思想が想起させられるが、現実の乃木はそんな思想はもっていなかった。旅順で戦い降伏した敵将ステッセルなどを想ったのであろう。『読正続日本外史』の表紙に「降服従来非竊生。軍門力尽悉投兵。可憐多少英雄士。千歳長伝群盗名」と書いている。降服、従来、生をぬすむにあらず。軍門、力尽して悉く兵を投ず。憐れむべし、多少英雄の士。千歳長く群盗の名を伝うるを。と訓じておきたい。降伏はもともと死すべき命を盗むものではない、という漢詩である。乃木は、決して、昭和陸軍のような捕虜観をもっていなかった。

ただ、乃木にとっては、軍隊よりも何よりも「君国」が絶対であった。これはたしかなことである。学習院初等科の年端もゆかぬ子どもたちにこんなことをいっている。「学習院の学生は成るたけ陸海軍軍人になれとは陛下の御沙汰であるから、体の丈夫なものは、なるべく軍人にならねばならぬ。けれども体の弱いものもあり、又、いろいろの事情で軍人になれないものもあらう。之も仕方がない」と理解をみせるが、最後にきっぱり「国のために役に立たない者、或いは国の害になるやうな人間は、死んでしまった方がよいのである」と断言している（『記念録』）。

乃木には、こういう過激なところがあった。東京大学で哲学を教えた井上哲次郎が証言している。「大将は生温るいやうな論よりも余程猛烈な極端な論を好まれたのであります。少々なことでは世人をして反省せしむるに足らぬ。余程猛烈な論でなければ十分に効能がないといふやうな御考であつた」（同前）。豚を一頭まるごともってきて、日本刀をその前にならべ、気味が悪いと嫌がる生徒たちに、刀の試斬りをさせたなどという逸話には、事欠かない。

乃木が自刃の直前、東宮殿下（昭和天皇）に拝謁して、山鹿素行《やまがそこう》『中朝事実』を渡していったことは、よくしられている。結局、昭和天皇に乃木が最後に教えたかったのは、なんであったのか。殉死の前、乃木が、東宮殿下に奉ったのは、「朝廷王畿は天下の規範であつて、兆民が具《とも》に瞻《み》る所である。どうして、一人の私をたてて、当時の治を伐りまはせようか。それでは統制できない」という『中朝事実』上巻中国章であったと、学習院側は記録している（『記念録』）。

ようするに、天皇の政府がやることは、多くの国民がみんなみている、天皇が私心でもって政治をしようとしても統制できない、自分勝手なことをするな、ということである。乃木は「つぎはぎの服をきることは、ちっとも恥ずかしいことではない」ということと共に、これを幼い昭和天皇の脳中に刻み込み、わざと、このきまじめで素直な皇子の心に鮮血をあびせかけ、トラウマを残すかのように、むごたらしく自死した。ここでいっていることは、法にのっとった民主導の合意形成とこれといって矛盾せず、大正期の立憲政党政治とも、戦後民主主義とも、さほど距離を感じるものではない。国家の君主たる天皇自身にも国家への帰依と滅私をせまる思想であったのはたしかである。

唐渡りの儒書の政治哲学をこの国のなかで読み替え、日本独自の政治思想に昇華させていったのは、山鹿素行であった。乃木の思想はこの系譜を直接にひくものであり、それを昭和天皇にまで流入させたことが、彼の歴史的存在意義であったといっていい。乃木の手沢本は、まだまだ残っている。山鹿素行―吉田松陰―玉木文之進―乃木希典―昭和天皇とつづく、この思想の系譜をたどるには、この程度の紙幅では足りない。あるいは、この系譜の末端に三島由紀夫という名のつらなりがあるとすれば、さらに掘り下げて調べねばなるまい。その先をみるには、乃木文庫のなかに、また這入って、さらに乃木のピンク色の赤鉛筆を追っていくほかない。

戦前エリートはなぜ劣化したのか

自動車が崖に向かって猛スピードで走っている。車中の人々は、誰も前を見ず、ブレーキを修理したり、エンジンの調子を整えたりしている。運転手も視界が悪いと窓を拭くばかりで、肝心のハンドルを握っていない。

満州事変から敗戦に至る日本は、例えるならば、運転手がよそ見をして、ハンドルから手を放していたために崖から海に転落していった車に見える。

運転手として、国のハンドルを切り、ブレーキを踏まなければならなかったのは誰か？ それは戦前のエリートにほかならない。政治家や官僚、軍人たちである。

なぜ、彼らは国の舵取りを誤ったのか？ いや、それどころか、なぜそれを放棄してしまったのか？

それは戦前日本の失敗を考えるとき、もっとも重要な問いの一つである。

それを考えるために、明治維新まで時間を遡り、この国のエリートを大きく三期に分けて考えてみたい。

第一期は、明治維新の志士で明治政府の創設に参画したエリートである。西郷隆盛（一八二七生）や大久保利通（一八三〇生）、伊藤博文（一八四一生）や山県有朋（一八三八生）、西郷従道《つぐみち》（一八四三生）といった人々である。

第二期は慶応年間（一八六五〜一八六八）から明治初めごろに生まれ、江戸時代の生き残りに育てられたエリート。秋山好古《よしふる》（一八五九生）、秋山真之《さねゆき》（一八六八生）、正岡子規（一八六七生）、夏目漱石（一八六七生）ら司馬遼太郎の『坂の上の雲』の主人公たちの世代である。

第三期は、明治の半ばから終わりごろに生まれたエリート。彼らは明治の終わりから昭和初期に大人になり、エリートの地位を手にいれていった。東條英機（一八八四生）、近衛文麿《このえふみまろ》（一八九一生）、広田弘毅《こうき》（一八七八生）、重光葵《まもる》（一八八七生）、米内光政《よないみつまさ》（一八八〇生）らの名前が挙がる。ハンドルから手を放してしまったのは、この世代であった。

第一期のエリートの特徴は、非常に数が少ないことである。まだ日本の所帯が小さかったので、政治的な指導者が大勢いる必要がなかった。また、そのほとんどが武士の出身であった。彼らと後のエリートとの最大の違いは、試験で選ばれた人材ではない、という点である。彼らは志士ですから、選抜試験は戦場から殺されずに生きて帰ってくることであった。

生き残る能力を試されながら、「あいつは学もあるし、人柄もいい」と地域の仲間うちでの声望を得ることで、選抜されていった。その過程では、故郷をともにするものが信頼できる仲間を選んでいく「郷党の論理」がはたらいていた。この論理は、明治政府の藩閥政治を形成していったので、閉鎖的で身内びいきだと評判が悪いが、人物を能力だけでなく、家族構成から性格、性癖まで総合的に見られる利点を持っていた。

一定の声望を得た人物は、藩や志士集団のなかで、何らかのポストや役割を与えられた。そこで藩の軍艦購入に大いに貢献したとか、藩の外交を担って活躍したといった、具体的な成果を上げた者が、さらに上の地位に上っていった。今の言葉でいえば、幕末維新のエリートは、徹底した成果主義で選抜されていたのである。

第一期エリートの特徴は、物事を一から構想し、それを完成させる能力の鍛錬を受けていたことである。江戸期は、分業が今ほど進んでおらず、使える人やモノも限られていたから、上に立つ人間は一から十まで段取りを整えなければ、物事を成し遂げられなかった。第一期エリートになるような人間は、様々な現場経験を積み、スペシャリストが持つ専門知ではなく、ジェネラリストに必要な総合知を自然と備えるようになっていた。これこそ国を統べるエリートに求められるものである。

たとえば、薩摩藩の城下、下加治屋町に住んでいた西郷隆盛・大久保利通ら下級武士は、楠木正成《くすのきまさしげ》への尊敬の念を厚くすると、大工でもないのに、自分たちで材木を調達して、楠公を祀る神社を建てた。西郷・大久保たちは、この神社を建てるように新しい国づくりをしたに違いない。

また、私が書いた『武士の家計簿』の中でも紹介したが、幕末維新の時代を生きた猪山成之（一八四四生）は、明治政府の大村益次郎（一八二五生）に会計官として取りたてられたが、一度もやったことのない政府の軍艦の修繕を命じられた。猪山は軍艦が停泊するドックをつくることから始め、何とかこの無理難題をやり遂げている。高い総合知を身につけていたといってよい。

第一期のエリートは、総合知とともに統治者としての知識と経験、村や藩、ひいては国家全体への責任感を持っていた。それらは数百年の間、日本で統治を担ってきた武士が培ってきた気風に生じたものである。

第二期のエリートは、第一期にないものを持っていた。それは高度な専門知である。明治維新が徹底的に江戸時代の身分制を否定し、能力主義を導入したため、そうなった。彼らの使命は西欧の学問や制度を輸入することであった。第一期エリートは明治政府を創設し、「富国強兵」「殖産興業」という国家目標を掲げたが、それを実行するには、彼らの手足となってはたらいてくれる実務家、テクノクラート、スペシャリストが大量に必要であった。

第二期エリートが、まず取り組まなければならなかったのは、外国語の習得である。そのため彼らの多くは、イギリスやフランス、ドイツに留学し、西欧社会に飛び込んだ。

彼らは日本人がほとんどいない環境で外国語を学び、膨大な書籍を読み、今度はそれらのエッセンスを日本語に翻訳し、日本に持ち帰らなければならなかった。江戸時代の空気のなかで生きていた人間が、いきなり近代西欧の真っ只中に投げ込まれるという強烈な体験は、第二期エリートを劇的に進化させた。時代を画すような大きな変化が歴史に訪れたとき、新旧二つの時代をまたいで生きる人間は、新しい時代の息吹を全身で吸収し、赤子のように短期間で飛躍的な成長を遂げることがある。そのような成長が社会に与える恩恵を、私は「人材ボーナス」と呼んでいる。第二期エリートは、まさに日本にそれをもたらした。

たとえば、海軍参謀として日露戦争における日本海海戦勝利に大きく貢献した秋山真之は、一八九七年から三年ほど、アメリカに留学するが、そのとき「自分が一日怠ければ、日本が一日遅れる」という言葉を残している。それぐらいの切迫感と国家に対する責任感をもって勉強していた。秋山はまた、軍事用語を日本語に翻訳しなければならなかった。秋山には、自分がつくった訳語が、その後の海軍の教育や訓練、実戦で使われていくことがわかっていた。自分が訳を間違えたら、人の生死、ひいては国の存亡に関わる。秋山は常にそのような緊張感を持っていたのである。

このとき秋山は元米国海軍軍人で戦略研究家のマハンに師事した。彼の『海上権力史論』は、今でも海軍戦略を学ぶ者の必読書である。秋山はまた、一八九八年の米西戦争を視察している。書物、先生、戦争、いずれをとっても秋山は「本物」から学んだのである。

外国語はあまり得意ではなく、専門知も十分ではないけれども、大局観を持ち、総合知に富んだ第一期エリートとスペシャリストとしての高度な教育を受けた第二期エリートの組み合わせは最強であった。その力がもっとも発揮されたのが、日露戦争といってよい。

乃木希典《まれすけ》（一八四九生）、児玉源太郎（一八五二生）、大山巌《いわお》（一八四二生）、東郷平八郎（一八四七生）といった江戸時代の生き残りの大将たちが、秋山真之、財部彪《たからべたけし》（一八六七生）、鈴木貫太郎（一八六七生）ら第二期エリートを使いこなしたことで、勝利にこぎつけたのである。

能力主義はエリートをどう変えたか

さて、いよいよ第三期のエリートである。彼らは第二期エリートと同じ方法で選抜され、育てられましたが、明らかに劣化していた。それはなぜか？

その原因は、明治政府による身分制度の徹底した否定と、その後の、いびつな能力主義にある。近代日本の身分制否定の徹底ぶりは、明治政府が近代国家を建設するにあたって範としたイギリスやフランス、ドイツ以上であった。西欧諸国は今もなお階層社会であり、エリートを輩出する階層は限られる傾向を残している。明治時代と同時代の西欧諸国では、軍隊の将校や外交官は、ほぼ貴族によって占められていた。ところが、明治政府が初めて選抜し、育てた第二期エリートの出身階層は、教育水準が高かった武士や名主・庄屋階層が多かったものの、年を経るにつれて、急速に他の階層にも広がっていった。

このことには、いい面と悪い面があった。

いい面は、あらゆる階層に立身出世の道が拓けたことである。能力さえあれば、出世できるという希望は国民の向上心を高め、社会に活力を生み出す。国からみれば、エリートの裾野が広がり、より能力の高い人材を登用できるようになった。

悪い面は、エリートが筆記試験の成績が優秀な、いわゆる学校秀才ばかりの集団になってしまうことであった。武士や庄屋は家庭に行政が入り込み、公の訓練を親代々してきたが、新しい学校秀才はそんな世代ではない。行政の暗黙知を保有していなかった。それもあって、多くの弊害が生まれた。

第一は人材の多様性が失われることであった。このような集団は危機に弱い。

第二は筆記試験で集めた秀才に画一的な教育を施すので、専門知には長けているけれども、総合知には欠けたエリートが生まれやすい。

社会が複雑になると、専門化が進み、大量のスペシャリスト化が進むのは致し方ない。しかし、社会の複雑化によって、未来は予測しづらくなる。何が起きるかわからないときに絶対必要なのが、総合知を備えたジェネラリストの直観である。エリートを全部スペシャリストにしてはいけないのは、そのためである。

しかし、日本陸軍はトップをすべてスペシャリストにするような教育をした。陸軍中枢を担う人材は、一五歳ぐらいで陸軍幼年学校に入学し、陸軍士官学校、陸軍大学校と進んでいくから、知識は軍事に偏り、庶民の暮らしも知らなければ、お米も炊けない。純粋培養からは総合知など期待できない。総合知は幅広い人生経験、現場体験がなければ培われないからである。そのいい例が、近代日本の名宰相となった高橋是清《これきよ》（一八五四生）と原敬《たかし》（一八五六生）でしょう。高橋はアメリカ商人に騙されて、奴隷として売られるなど、海千山千の経験を積んでいる。原敬は新聞社、外務省など様々な組織を渡り歩く過程で、引き立てられていった。これら総合知の保有者が明治・大正の日本を支えていた。

第三は出身階層が武士や名主・庄屋以外にも広がっていったことで、第一期、第二期のエリートが持っていた家庭教育で提供される統治者としての知識と経験、国家全体への責任感が失われていった面は否定できない。近代日本は「お国のため」「天皇のため」という名目を掲げて、出世すれば、なんでも手に入る。表向きは国の為、本当は自分の為に、金が欲しい、愛人を囲いたい、周囲から認められたい、といった私利私欲を満たすために、エリートを目指す人々が出現してきた。夏目漱石が「帝国大学は今や月給取りをこしらえて威張っている」と嘆いたのは、そのことであった。

これらの弊害が極まって、第三期のエリートの劣化がもたらされ、それがやがて、戦前の日本を敗戦の破滅にもっていったといってよい。劣化は第二期エリートでも進行していたはずである。第二期も第三期も選抜・育成方法は同じだからです。むしろ第二期エリートはなぜ、劣化しなかったのか？　と問わなければなるまい。

その最大の理由は、彼らが能力主義以前の身分制社会、すなわち江戸時代をからだで知っていたからであろう。彼らの親は江戸時代の人々である。彼らを指導したのも、江戸時代の生き残りである第一期エリートであった。しかも、武士や名主・庄屋階層の出身者が多かったので、統治者としての知識や経験、全体への責任感を自然と受け継ぐことができた。それゆえに彼らはスペシャリストになるための教育を受けながらも、ジェネラリストとして常に国家全体を考えることができたのである。

もう一つの大きな理由は、明治国家が持っていた切迫感や緊張感にある。一刻も早く西欧の学問や制度を導入して、近代化をはからなければ、西欧列強に征服されてしまうかもしれない。日本全体がそのような恐怖に包まれていた。その危機感の共有がエリートをましにしていた。

第三期エリートの慢心と油断

ところが、第三期のエリートが大人になるころ、日本はロシアに勝ち、国中の緊張感がほどけた。翻訳書が多く出版されるようになり、国産の科学技術が出てくる。すると、日本語や国産品だけでも、ある程度、用が足りるようになる。必死の思いで外国の技術や制度を学ばなくとも、日本はもう立派にやっていける、という慢心と油断が生まれてきた。これが日本という小国のエリートにとって、死活的に重要な感覚を失わせてしまったといってよい。それは、時とともに変わっていくもの、すなわち国家を取り巻く環境の変化を捉える鋭敏な感覚である。日本は周囲の状況に上手に対応して、舵を執って行かなければ、沈没してしまう。周囲の状況の変化をつぶさに観察し、感じ取る能力が、とりわけ必要とされるのは、そのためであるが、その感覚がおとろえた。では、近代日本にとって、時とともに変化する環境とは、何か？　それは今も昔も国際情勢と科学技術である。第三期エリートは、それらに対する鋭敏な感覚を失ってしまった。

一九三〇年のロンドン海軍軍縮会議における「条約派」と「艦隊派」の対立には、第三期エリートの劣化が如実に表れている。この会議は英米日仏伊の海軍力のバランスをとりながら軍縮するために開かれたものであるが、日本に提案された海軍力を受け容れようとした「条約派」とそれに反対した「艦隊派」の間で対立が生じた。「条約派」には、浜口雄幸（一八七〇生）、西園寺公望（一八四九生）、山梨勝之進（一八七七生）、加藤友三郎（一八六一生）、鈴木貫太郎らがおり、「艦隊派」には、加藤寛治（一八七〇生）、末次信正（一八八〇生）らがいた。

後世から見ると、国際情勢を鋭敏に感じ取り、それに的確に対応していこうとしていたのは、「条約派」である。「艦隊派」は、米国海軍に敗《ま》けない戦力を維持するためには条約案は呑めない、軍隊の「兵力量」を決めるのは、天皇大権の一つである「統帥権」に属するから、それを干犯している、という論理で対抗した。しかし、結局は第三期エリートが自分たちの身過ぎ世過ぎ、すなわちポストや予算を守るために反対していた面がある。自分たちが所属する組織の利益を守るために「統帥権」を持ち出し、天皇の威を借りるのが、第三期エリートのまずいところである。彼らには今、日本はどのような国際情勢の下に置かれていて、そのなかで生き残るためには、海軍はどうあるべきか、というジェネラリスト的な視点がまったく欠けていた。それなのに自分たちの利益を「天皇のため」「国のため」という誰も文句が言えないお題目を掲げて守ろうとした。これが国をダメにしていったといってよい。

残念ながら、一九三〇年ごろから、第三期エリートのなかで比較的、国際情勢や科学技術に鋭敏な感覚を持っていた「条約派」的なエリートは端に追いやられていった。第三期エリートの劣化とともに、そのようなことが、あらゆる領域で起きていた。一九三九年のノモンハン事件では、戦車や砲兵の近代化が遅れていたため、日本陸軍はソ連に大敗を喫した。それでもなお陸軍は、その失敗を直視せず、科学技術の遅れを精神主義で補おうとした。そして、一九四一年、陸軍幼年学校出身で教科書を丸暗記することで成績を上げた東條英機が首相となる。東條はスペシャリスト的エリートの典型である。東條は視野が狭く、眼前の部署の最適政策と、大局の国家戦略の優先順位を見誤った。

そして、人口最大の中国、経済規模最大の米国、面積最大のソ連と同時に戦う状態に国家を追い込んでしまったのである。

明治政府ができて、およそ七〇年で戦前エリートは劣化し、国は滅んだ。戦後七〇年経った今、戦後エリートにも同じような劣化が進んでいるような気がしてならない。統治者としての知識と経験、国家全体への責任感、幅広い好奇心と多彩な人生経験によって培われた分厚い教養と総合知、それを土台とした時とともに変化する国際情勢と科学技術への鋭敏な感覚と直観、環境の変化を想像する力……。それらが国を率いるエリートには必要である。しかし、ジェネラリストは育てることはできない。彼らを見出したら、素早くピックアップし、重要な仕事を与えることで鍛えていくしかない。そこが難しいところである。

現代のスペシャリストとして育成されるエリートのなかに、そのようなジェネラリストを発生させるにはどうすればいいのか？　七〇年前の失敗を繰り返さないために、日本人全員が、そのことを常に考えておかなければならない。

第3章　古文書を旅する

「震災離婚」事始め

震災で人と人との絆が強まる光景に勇気づけられた。しかし我々は地震をきっかけにして人の心が離れていってしまう切ない現実があることも知った。震災以後、結婚指輪も売れているが、それ以上に離婚相談が増えているときく。

——震災離婚。

こんな言葉が生まれるとは予想もつかなかった。

そういえば小沢一郎氏も長年連れ添った妻和子さんから離縁状を突きつけられていた。雑誌に、その三行半《みくだりはん》が載っていた。小沢氏が愛人を作り隠し子までもうけたことが綴られ、長年たまった妻の恨みが、夫の震災対応のまずさ卑怯さを目にしたことをきっかけに、一気に吐きだされたかんじのもので、明らかに政治的に夫に斬り付けていた。日本政治の嵐の中心であった政治家が、今度の大地震をきっかけに妻に別れを切り出されていたのが、象徴的でもあり衝撃的でもあった。

わたしは歴史家だからショックなことがあると、古文書を徹底的にたぐって、歴史のなかを歩いてみる。時代が変わっても人間の本性はさほど変わるものではない。医者がカルテをたぐるように古文書をレファレンスして人間の過去の前例をのぞいてみるのである。

震災で離婚相談が増えるとは思いもよらなかったが、古文書をさがしてみると、なるほど、そういうことは歴史のなかにあったらしい。日本史上、はじめての地震ルポルタージュ文学は浅井了意《りょうい》の『かなめいし』であるとされる。このなかに日本最初の震災離婚についての記事らしきものをみつけた。了意は浄土真宗大谷派の僧で仮名草子という仮名まじりの民衆向け物語冊子の作者だが、寛文二（一六六二）年、京都がマグニチュード7・6の寛文地震に襲われるとこれをルポした。当時京都は人口四十一万人で震度5。一部で震度6。人口二万五千人の伏見は地盤が弱く震度6以上になった。被災地全体での死者は七百〜九百人。倒壊家屋は四千〜四千八百軒の被害が出たと西山昭仁氏らの最新研究は推定している。了意はその話をこのように書いている。

その男は町人で暮らしも貧しくなかった。突如、地震で大揺れになったとき「今こそ草木国土、人も獣も、みな一同に成仏する」と一度は観念したが「でも、もしかしたら逃れられる事もある。足に任せて逃げてみよう」そう叫び、妻の手をつかんで引っ張り、南をさしてまっしぐらに駆け、七条河原まで逃げた。

ところが地震が止み、心を静めてつらつらみると、手を引いて逃げたのは驚いたことに妻ではなく、熊野比丘尼《びくに》であった。熊野比丘尼は布教にことよせて男の相手をする美女。布施すれば家にあがり乳房をひらいた。それが地震に驚いて家に逃げ込んできたのを妻と間違えて無理に手を引いて逃げてきたのだった。「ああ情けない。笑い者になってしまう」そう思ったが我ながら笑えてきた。日暮れになるまでぶらぶらして家に帰ると、妻が怒り狂った。「日頃、あなたが私をどう思ってらっしゃるか、よくわかりました。私を捨てて物乞い尼と逃げたんですからね。その馬鹿尼と来世までも添い遂げなさい。離縁です。入り婿なんだから出て行って」。男は「人違いてのはあるだろう。地震の揺れよりおまえに振られるのが苦しいよ」といったが妻は「冗談言ってる場合か」と一層、腹を立て、男を追い出した。男は行き場を失い、出家。あちこちの知人の家を渡り歩き「もうこの世に生きる甲斐もない」とすっかりしょげていたという。

江戸の「会いに行けるアイドル」

ＡＫＢ48というアイドル・グループが流行っている。プロデュースは秋元康さん。彼が江戸時代のアイドル事情をご存じであったかは知らぬ。ただＡＫＢの「会いに行けるアイドル」というキャッチフレーズ自体、歴史家の私にはあまりにも江戸的に思えるというのも、日本人は田沼意次の時代の明和年間（一七六四〜七二）にはじめて会いに行けるアイドルを持った。平安・鎌倉時代にも白拍子の静御前のように偶像化された踊り子はいた。しかし彼女らは権力の近くにいて庶民のアイドルとは言い難かった。戦国末期の出雲阿国《いずものおくに》も民衆の人気をさらったがこれもプロの芸能人で「素人っぽさ」はなかった。ふつうの男子が近所にいそうな身近な女の子をアイドル化し、グッズを消費。アイドルの二次元画像に「萌え」はじめたのは明和年間からだ。

おそらく「お仙」がはじめてのＡＫＢ型アイドルであろう。江戸は谷中の笠森稲荷にあった水茶屋の娘である。江戸時代、ふつうの茶店は煮出した茶を爺さん婆さんが一椀五文（現在の感覚で二百五十円）で入れた。一方、水茶屋は十三から二十歳ぐらいの可愛い女の子が二、三杯の茶を入れてくれた。お代は憧れの女の子とちょっと言葉をかわして四十文（二千円）前後。なかには百文（五千円）のチップを渡す男もいた。

お仙の美しさは半端ではない。なにしろ「一度かえりみれば人は足をとめ、再度、かえりみれば、人は腰をぬかす」（大田南畝《なんぽ》『売飴土平伝』）。そのころも鼻筋が通り、ウエストの細い女が美人とされた。今と違うのは小顔は貧相とされた点だ。お仙はしっかり長い、瓜実顔。しかもお仙の魅力は「磨かずして潔《きれい》に容《かたち》つくらずして美なり」つまり化粧をせず素のままで清楚なこと。「地物の上品」。これがポイントであった。博多帯をゆるく結び帯が解けそうで解けない娘。芸妓と違い誰とも交際しないのが売りであった。

お仙に浮世絵師・鈴木春信が感動。彼女を一枚絵（グラビア）にして売り出したところ二次元画像に弱い日本の男たちが笠森稲荷に殺到した。今の二千円ほど出せば、誰でもお仙に会え、お茶をついで貰えるのである。水茶屋はお茶代で笠森稲荷は御賽銭で大儲け。他にも双六・絵草紙・手ぬぐいなどお仙のアイドルグッズが出て、飛ぶように売れた。極めつけはフィギュア。とうとうお仙の生人形が作られ九段坂の世継稲荷に奉納された。

そしてこのアイドルブームはＡＫＢ総選挙ならぬ「美人くらべ」に突入していった。「娘評判記」「見立三十六歌仙」なるものが作られ二十九人、三十六人と江戸の美女が競い、お仙のライバルとして化粧上手で完璧な美形を装うお藤（浅草の楊枝屋）が浮上した。素人の素朴とプロの完璧が競う構図は現代のＡＫＢと韓流アイドルの両極人気に近い。しかもこの美人くらべは全国に波及。とくに名古屋人は熱く、熱田の遊女については人気投票で点数が競われた。

この日本初の会いに行けるアイドル。引退が大事件になった。お仙は二十歳で突如、姿を消した。江戸中が大騒ぎになった。実はお仙は笠森稲荷を勧請し運営してきた幕府御庭番の倉地家に嫁いでいた。つまりお仙のアイドル化を裏で仕掛けた「運営側」の夫人になっていた。憧れの女の子の背後には商売の仕掛けがある。それがわかっていてもアイドルグッズを買ってしまうのが日本男子の純真だ。そういえば秋元康さんの奥様も彼がプロデュースした「おニャン子クラブ」の元アイドルときいた。歴史の反復性はきわめて強い。

イケメン大名の悲劇

イケメンの話をしたい。わたしなどがいうと、やっかみになるが、美男美女とて幸せになるとは限らない。そこそこが一番良い。とびぬけた美男美女はかえって不幸になるケースが少なくない。

ひとつ話をしよう。江戸時代の大名公家でイケメンの代表格といえば、鳥居忠意《ただおき》（下《しも》野壬生《つけみぶ》藩主三万石）である。江戸中期の大名。当時の大名としてはエリートの優等生といってよかった。なにしろ顔がいい。「日本一の美男なることよく人の知るところなり」と記録されている。彼の顔面の有効活用を最初に思いついたのは、やはり八代将軍・吉宗であった。吉宗は鳥居を自分の名代として人前に出そうと考え、日光東照宮などへ代参させた。鳥居は葵の紋付き羽織をもらい十一代家斉までこの名代役をつとめた。「名代大名」といっていい。それで鳥居は寺社との付き合いに慣れ、寺社奉行になるのがはやかったから、そのまま累進して老中の要職にまで登った。大変な出世である。しかし、この鳥居にしても、超絶した美男子であったため不幸の魔の手から逃れられなかった。女のことで苦しめられたのである。たしかに結婚のはじまりは幸福そのものであった。嫁いできたのは津和野藩主・亀井茲満《これみつ》の養妹。国民新党を離党して「みどりの風」を結成した亀井亜紀子議員のご先祖の一人である。この妻は讃岐丸亀藩主京極氏の叔母とする史料もあるから或はそうであったのかもしれない。とにかく大名家の姫様であった。

この姫様は美男の鳥居に嫁ぎ、激しい恋に落ちた。「恋聟《こいむこ》」とはよくいったもので鳥居の側を離れない。ところが大名には参勤交代がある。妻子を江戸において領地に帰らなくてはいけない。新婚まもなくして鳥居は領地に行くことになった。それが事件を引き起こした。

奥方の姫様が大泣きしはじめたのである。「離れるのがつらいわ。新枕（初夜）の夜から契ってきたのに。領地に帰って、しばらく会えないなんて。玉の緒（命）も絶えそう。わたしもどうあっても領地に連れてって。あなたの側を離れるなんて生きている限り無理」。そういって泣きわめく。大名が正室を領地に連れて行けばそれは幕府への反逆行為となる。鳥居は奥方をなだめすかしてなんとか領地に帰った。その日から奥方は「殿が恋しい」と泣き続け、乱心の体となった。「殿様、恋しい、ゆかしい」と呼ばわり正体もなき有様となった。側近の老女が諫めたり、なだめるが、どうにもならない。

「下野の壬生とやらは、いずこなるぞ。われも連れ行けよ」と叫ぶ。

とうとう鳥居家の奥家老が出てきて説得。「はしたないですぞ。一筋に殿を想われる御心は女の情としてはよろしい。しかし大名の奥方としては大人げない。ふつうの大名は一年の帰国ですがわが殿は百日です。源氏物語でも光源氏は須磨に三年（本当は須磨に一年、明石に一年半ほど）。その間、紫の上は立派に留守を守られたではありませんか」。しかし奥方は「恋し。ゆかし」と叫ぶばかり。食事も喉を通らなくなったようで、とうとう焦がれ死んでしまった。

鳥居はこれを聞き「余のことがホントに好きだったんだな」とポツリ。懇《ねんご》ろに弔い、以後、正室は迎えぬことにした。しかし世継ぎは必要。側室は置くことにして「妾奉公人」を募集したら、また大変なことになった。なんと日本第一の美男・鳥居様の「妾」になりたいと、自分で応募してくる女が現れ、とんでもない事件に発展していったのである。

イケメン大名のその後

日本一のイケメン大名の話をつづける。下野壬生三万石の藩主・鳥居忠意《ただおき》は「日本第一の美男」。参勤交代で領地に帰ったら奥方が恋しさのあまり「殿様恋しや」と叫びつづけ焦がれ死んでしまった。信じられないことだが当時の史料に、そうある。

それで鳥居家では、以後、正室は置かぬことにし、世継ぎを得るため「妾」だけをそろえることにした。今日残されている鳥居家の家譜を調べると、鳥居忠意の愛妾は子どもを産んだ者だけで五人ないし六人いたことが確認できる。子どもを生まなかった愛妾も入れれば十人ちかくいたのであろう。三万石の小大名としては多いほうだ。十人ちかくも側室を置くのは十五万石以上、国持格以上の大名の話である。ふつうの小大名はせいぜい二、三人で、こんなに沢山はいない。鳥居は彼女らに男子十三人、女子七人、計二十人もの子どもを産ませている。

「日本一の美男が独身をつらぬいている。側室を募集中」。そうきいて江戸の町娘たちも秘かに心をときめかせた。というのも、大名家の愛妾は武家の娘が多かったが、江戸ではしばしば肝入屋という一種のあっせん業者を通じて「妾奉公人」として手配されていた。それに応募すれば鳥居様に近づけるチャンスが町娘にもあったからである。

芝兼房町に色っぽい町娘がいた。その女はすごい。鳥居家では、虎ノ門の「みなとや弥七」という肝入屋をつかっていたが、そこへ自分でやってきて、こういった。「鳥居様が妾を募集中と聞きました。支度金も給金もいらない。お願い。わたしを雇って」。聞けば、この女、美男の鳥居の殿様にあくまでも恋慕していた。抱かれたいから来た、というのである。女性の心理は知らないが、相手がフクヤマでもないかぎり、こんなことはないであろう。行動力のある女性というのは、まったく、いつの時代にもいるものである。

みなとやは女の話を鳥居家にしてみた。鳥居忠意の耳にも入った。「変わった物好きな女もいるものよ。一覧すべし」。鳥居はそういって女に会ってみた。一目みて驚いた。整った顔立ちの、ものすごい美人。女は自分の容姿に自信があり、それで積極的な行動に出ていたのだ。鳥居はすぐに女を妾にし、もっとも寵愛した。

ところが、この女。美人なので鳥居はいつも抱いてみるのだが、いつまでたっても懐妊しない。子ども欲しさに鳥居はほかに妾をもった。そのうち「お吟《ぎん》」という妾に子が生まれた。女は、あとからきたお吟に子が生まれたのが妬ましく大いに胸を焦がした。

お吟は若君を産んで家中の尊敬をあつめ、「お部屋様」とよばれて寵愛を一身にうけている。愛しい鳥居様は自分のところへは次第にこなくなって、お吟ばかりを可愛がっている。「腹立たしい。うらめしい」心底、女はそう思った。

女は鬱々として胸が苦しくなった。むしゃくしゃする。女は鍼医師の男を招くようになった。着物をはだけ、悩ましく臥して、美しい肢体の柔肌に鍼を入れてもらっていた。そのときであった。女の目に畳におかれた鍼医師の脇差が入った。それは一瞬の衝動であった。「ちょっと用が」そういって女はむくりと起き上がり、脇差をつかみあげ、お吟の部屋のほうに歩いていった。お吟は、うつむいて鏡のまえで黒髪をすいていた。女は脇差を抜き放ち、鬼の形相で「ねたましや。日頃の恨み思い知れ」と叫び、お吟を刺し殺した。そして血しぶきのなかで自分ののどぶえを掻き切った。

以後、鳥居は妾ももたなくなった。

醜くなりたかった美女

整形の話をしたい。いま、東アジアで整形爆発が起きている。

中国では二〇〇六年から毎年プラス四〇%という驚異的な勢いで美容整形がふえた。韓国はいわずと知れた整形大国で年間三兆ウォン（約二千二百億円）が整形に支払われている。対する日本も二千二百億円。不況下でもどこ吹く風で美容外科がはやっている。

韓国人は日本人の五倍以上の頻度で整形しているとの研究もあるが、日本のほうが人口と経済規模が大きいぶん東アジア最大の整形大国になっているらしい。

注目すべきは日本におけるアンチ・エイジングだ。日本人は韓国人より整形には抵抗があるがアンチ・エイジングにはむしろ関心が高い。ここ数年、化粧品は売り上げが減っているが、老化防止の肌ケアや健康食品などは如実に販売額が伸びている。日本人は老化防止商品に年間約三千億円使っているらしい。若くないといけないのが日本だ。中国・韓国は美容整形、日本は老化防止ということであろう。

文化人類学や歴史学では、美容整形は「身体加工」という概念で括られる。私にいわせれば、いまの東アジアは縄文晩期以来の身体加工ブームだ。東アジアの人間がいちばん身体加工をしたのは三千年前のことで、この時代「抜歯」の風習が流行った。激痛にたえ健康な歯を抜く。大人になった時、結婚した時、家族が死んだ時に抜いた。その頻度は驚くべきもので、人骨を調べるとこのころの縄文人はほとんど全員が歯を抜いている。硬い物が食べられないと命取りになる時代に、である。

この奇習は東アジア全体にひろがっていて、抜歯や刺青などの身体加工は北方よりも南方に多い。三千年前はまじないのためであったが、美と若さを目的として新たな身体加工の時代が訪れているのかもしれない。

歯を抜くというので思い出した。美しくなる身体加工を美容整形というが、歴史をひもとくと、醜くなる醜容整形もあった。幕末にこの醜容整形を自分でやってしまった絶世の美人がいた。大田垣蓮月《おおたがきれんげつ》である。

蓮月は超絶した美人に生まれたがゆえに、京都の男たちに追い回された。髪をおろして尼になってもそれは変わらず、和歌の教授で口を糊しようとすると、それを口実に男が寄ってきて、いやらしい誘いを繰り返した。

それで彼女はおのれの女体の美しさが嫌になり、老婆の姿に化けたいと思い、黒い血を噴出させながら眉毛を抜いた。ところが世に希な美人の彼女は眉を抜いたぐらいでは老けてみえない。草庵にはますます恋文が舞い込み、男がたかってきて言い寄る。

とうとう蓮月は自分で前歯を引き抜き、老いさらばえた姥の面相になろうとした。三味線か何かの糸で前歯を縛り重量物をはかる千斤秤の重りの力で引き抜いた。一本抜くたびに血が噴き出て卒倒したが、蓮月は醜くなりたい一心の執念でもって立ち上がり、また抜いた。

わたしは、この女性のことが気になり、その生涯を調べてみたことがある。はじめは余程の異常人かと思ったが、この人を知るにつけ、人生を達観した無私の心を備えた優しい女性で、晩年は村の子どもたちに慕われて亡くなっていた。わたしが史伝文学として上梓した『無私の日本人』（文藝春秋）のなかに「大田垣蓮月」として書いておいた。歯を抜いているのに「七十五歳ながら五十ばかりにしか見えなかった」というから桁外れの美女である。今なら「美魔女」とよばれたに違いない。

「顔の一等国」をめざして

与謝野晶子が整形していたのか長年、気になっている。明治末年、すでに与謝野晶子が鼻を高くする手術（隆鼻術）をうけていたとの噂は昭和の文壇では周知の事実であったのか、作家渡辺淳一氏も女優の松井須磨子を題材にした作品『女優』のなかで晶子と須磨子の整形に言及している。「このころ、隆鼻術を受けた女性は意外に多く、与謝野晶子などもその一人だが、新しい時代の女を自任する女性達のあいだで、この手術は結構人気があった」と書かれている。渡辺氏は医学博士・元札幌医大整形外科講師だけに、さすがに詳しい。与謝野晶子の十五、六歳頃と中年期の顔写真をとりよせて見比べてみると、たしかに鼻梁が変化しているようにもみえる。しかし明治期の写真でコントラストに乏しく写真だけではなんともいえない。

一方、松井須磨子が日本最初の整形女優であったのは確実である。須磨子の叉姪にあたるという老婦人から直接きいたことがある。須磨子の本名は小林正子。旧松代藩の士族の家に生まれた。「当時は舞台に立つこと自体に偏見があったから親戚うちでは眉をひそめていたのよ。そのうえ鼻を整形までして」と、ひそひそ声で言ったのをはっきり覚えている。私は「歴史に聖域なし」との考えをもっていたから、日本人が最初に美容整形という身体加工に乗り出した歴史的過程をきちんと確認しておかなければいけないと思い、その老婦人から松井須磨子の整形の顚末を聞き取った。

そんな証言を待つまでもなく松井須磨子の隆鼻整形については須磨子の友人の長谷川時雨がきちんと書いている。「彼女はあるおり某氏をたずねて、女優になりたいが鼻が低いからとしきりに気にしていた。そこで某氏はパラフィンを注射した俳優に知合《しりあい》のある事をはなして、そんな例もあるから心配するにも及ぶまいというと、彼女はその俳優の鼻が見せてもらいたいといいだしたので連れてゆくと、やっと安心してその後注射した」(『松井須磨子』)。

女優デビューする前に整形をするという行為はすでに明治末年に行われていたのである。松井須磨子はすでに整形を完了した先輩俳優の鼻を見学したうえで手術に向かっている。

明治末年の隆鼻の術式は「パラフィン注射」が主流であった。パラフィンは木から作る天然蠟でなく石油由来の石蠟である。融点は人間の体温より高い摂氏五十五度前後で、体内でとけにくい。これを熱して注射器に入れ固まったときに押し出しあらかじめ鼻の穴から線香ほどの針を入れてあけておいた皮膚下の隙間に注入して鼻に高さをもたせる手術である。手術時間は三十分以内。ただし異物を体内に注入するから副作用もあった。パラフィンに生体が反応して皮膚にしこりができる「パラフィノーマ」という病名までできた。当時は抗生物質もなく化膿のリスクが大きかった。

この手術が明治四十（一九〇七）年頃から爆発的に流行った。日露戦争で白人国家に勝ち「一等国」の仲間入りが叫ばれた頃である。戦勝後、時事新報などインテリの新聞もアメリカの美人コンテスト入賞者の写真を連日掲載。国内で美人コンテストをはじめた。江戸時代から鼻筋が通っているのが美人の条件だったが、鼻が高い白人風が美人との観念がこの時期に一層国民に浸透した。同年十月二十七日の時事新報では千葉真一という医師が「すでに百数十名の美人を手術した」と誇らしげに語っている。「新しい時代の女」はこぞって整形し「顔の一等国」をめざす姿になっていた。

美貌的最新手術

明治時代の美容整形の話をつづけたい。明治末期の美容整形といえば鼻の穴からパラフィンを注射器で注入して鼻筋を高くするものであった。これが明治四十（一九〇七）年頃から新聞や雑誌で紹介され俳優や作家などにも流行しはじめた。当時から「整形」という言葉はあった。しかし美容整形という言葉は一般的でなく「美貌的最新手術」「美貌術」という用語がつかわれたようである。

石油から精製されるパラフィンをプロテーゼ（挿入材料）として人体に埋め込む手術は一九〇〇（明治三十三）年にオーストリアのウィーンでゲルスニーという医師が始めたとされる。睾丸のない男性の陰嚢にパラフィンを注入して人工睾丸を作ったのが最初である。それから、いま考えれば恐ろしいが豊胸手術にも使われた。副作用はあるが注射器でパラフィンを体内に注入するだけの簡単な手術であるから翌年には英国までひろがり鼻の整形に用いられはじめた。もともと鼻の高い西洋人がなぜ鼻にパラフィンを入れる必要があったのか。それは梅毒で鼻筋がへこんだのを再建するためであった(鴨田脩治『整形隆鼻法』)。

パラフィンで鼻を高く整形できることがわかると、それは全世界にひろがった。とくに鼻の低い日本人がそれに飛びついた。明治の日本人の進取の気性は恐るべきもので、わずか三年後の明治三十七年冬には東京大学の耳鼻科でも「どうにかしてそれを一ッ日本でもやッてみたい」ということになって実施している。日露戦争の真っ最中のことである。

当時の東大耳鼻科の主任は岡田博士だが、言い出したのは加藤という医学士。この人が同僚の寺田医学士とあいはかってこの手術に乗り出した(『新小説』第十二年第十二号)。寺田医学士は英国のスタイン医師が開発したある程度冷まして固まったパラフィンを鼻に押し入れる方法を採用し、さらに注射器を独自に改良して日本型のパラフィン隆鼻術を完成させていった。

それで明治四十年頃には東京大学耳鼻科のほか日本橋浜町の千葉病院でも施術がおこなわれ千葉病院だけで百数十人がこの手術をうけるに至っていた。同年十月二十七日付の新聞「時事新報」には千葉病院でおこなわれた手術の術前術後の比較写真三組があり、三十一日には手術中の写真までが掲載されている。

ただこのパラフィン隆鼻術には欠点もあった。プロテーゼのパラフィンの一部が崩れて血管に入り込み血管をふさぐなどして副作用を起こしやすかった。またそのうえパラフィン隆鼻術はどんな鼻でも美しくできるわけではなかった。鼻のつけ根が低くなっているのは高くできたが鼻先を高くするのには向いていなかった。さらにいえばパラフィンは柔らかいから長く入れていると、変形して鼻の形が崩れた。しかも一度入れたパラフィンは安全に摘出するのが困難であったからしばしば大変な事態をひきおこした。

大正末から昭和初期になるとこうしたパラフィン隆鼻術の危険とデメリットがわかってきて象牙をプロテーゼとして鼻の中にいれる術式が西端驥一医師によって提唱され、これがひろがった。昭和初年にはかつて鼻に入れたパラフィンのプロテーゼをなんとか取り出し、象牙に入れ替える再手術もさかんに行われていることが当時の医学雑誌からうかがえる（林熊男「象牙による隆鼻術に就て」）。一度入れたプロテーゼの交換という今日もみられるメインテナンス的な美容整形の繰り返しがすでに出現している。

妻の整形に夫は

与謝野晶子や松井須磨子の美容整形について述べた。平成の日本人は大人しいが、明治大正の日本人はすべてにおいて行き過ぎる人たちであった。文明や知識に信仰に近い感情をもち、国の近代化を達成したが、当時の日本人にとって文明とはすなわち西洋であった。

西洋人の鼻の高さをみて「あれこそが文明の姿である」と憧れた。反対にアジア・アフリカ人の低い鼻を野蛮と見た。当時の本には「野蛮人は一般に鼻が低く、文明人は鼻が隆い」「鼻は知識の発達するに従ひ隆くなるものです」などという今では考えられない言説が書かれており「鼻の隆きは文明人なり」とまで言い切って、鼻を高くする美容整形が高らかに宣伝されている（鴨田脩治『整形隆鼻法』大正三年）。

明治大正の日本人は物的側面では偉大な発展をなしとげたが、島国の哀しさか、大衆が世界についての広い視野と公平な視点を持ち得ておらず、文明と野蛮についての考えも当時の西洋人と同様この程度の偏狭なものであった。この弱点が日本を「昭和二十年の破滅」へと導いていった一因なのだから全く笑えない。

明治の文化人がなぜ整形したかといえば、やはり西洋の影響が否定できないが、個人が整形する直接の理由はもっと単純なものであった。他人に鼻の低さを馬鹿にされたとか、松井須磨子のように演劇学校のオーディション突破に必要とか、そんなものであった。

田村俊子という文化人が鼻を高く整形した事情は、元夫の作家・田村松魚《しょうぎょ》が当時の『婦人公論』に克明に書いているから、よくわかる。俊子は女流作家であったが女優を志した。夫は反対で「ぢや、やつて見たまへ。だが、君のその容色で人気が湧くかね」と冷ややかであった。しかし気の強い俊子は舞台に立ち、芸術性の高い演技で喝采を浴びた。

ところが嫌な記事が新聞に載った。俊子の活躍を快く思わない美貌の女優が「あの方の側面になったときの顔を見ていると、本当にお気の毒になりました」と、鼻ペチャの横顔を揶揄するコメントをよせた。ひどい話である。しかもそれを読んだ夫は俊子にその記事を突きつけ「容貌の悪いのは損だね、女優は」と、それみたことかという顔をした。俊子は黙りこくっていたという。

ところが、後日、夫は大変なものを見ることになる。「或る日、私は彼女の上に或る恐ろしいものを見ました。彼女が外から帰つて来た顔は蒼白でした。彼女の顔面に恐怖すべき変化が与へられていました」。俊子は鼻筋に注射器でパラフィンを注入して高くして帰ってきたのである。包帯もせず手術先からそのまま歩いて帰って来た。

夫は書いている。「彼女（の整形した顔）を正視することが出来ませんでした。やつと彼女を安眠させるべく臥床《とこ》を敷く手も震へるやうに思ひました」「こうまでして自己の志望を貫こうとする女性の執着の強さに私は心を寒くしました。彼女の引き釣つた目は血走つて悲痛な昂奮が涙を滲ませていました」。

ここには妻の整形に対する明治末年の夫の意識が表れている。俊子は舞台に上がる前に「不揃いの歯並みを気にしてたった一日の荒療治で直してしまった」ことがあったという。

俊子は女優デビュー前に今でいう審美歯科治療まで受けていた。「芸能人は歯が命」は一九九五年の歯磨き粉のＣＭを待つまでもなく明治からあった。美容整形が登場すると同時に、それを受け入れられない近親者の整形拒絶意識もまた登場してきているのである。

その顔を見なかった荒畑寒村

美容整形についてまわる一つの問題は、整形に対する周囲の反応である。作家で女優の田村俊子が隆鼻術をうけて帰宅した時、夫は整形された妻の顔を正視できず、手をわなわなとさせ恐怖にふるえていた。この夫は俊子が一日で歯列を治す荒療治＝審美歯科治療まではなんとか受け入れていたが、隆鼻整形になると恐怖の対象になって到底受け入れられなかったようである。この夫婦は結局別れた。

ただ明治時代の美容整形が周囲にまるっきり受け入れられなかったかというと、そうでもない。家族に喜ばれることもあった。その点は今日と同じである。『新小説』一九〇七年十二月号は家庭欄に「整鼻美貌術」と題する医者のコラムを載せ、当時流行し始めたパラフィン注射による隆鼻整形を紹介している。「手術法は鼻の皮の下に小孔を穿ち、それから（鼻が）低い部分の皮の下に少しばかりのふくろ形の溝を作り、ここに必要だけの分量のパラフィンを（特製の注射器で）注入し置くのである」と書いているが、この美容整形への家族の反応をこう書いている。

「どこかの娘がこの手術を受けるために入院していて、手術を受けてから写真を撮つて国もとに送つた。サア、そうすると、その娘の母親が大層喜んで、わざわざ遠方から東京まで見に来たと云ふ一口話を聞いたこともあつた。さもあるべきか」

このように家族が単純に喜べばよいが、そうばかりでもない。田村俊子の夫のように妻の整形を受け入れられない場合も多かった。

荒畑寒村はこの国における社会主義運動の先駆者であるが、妻の整形を経験した先駆者でもあった。その妻の名は管野須賀子。彼女は幸徳秋水らとともに「大逆」事件で処刑された。死刑になったこの元妻が鼻を整形していたのである。死刑になる四日前、管野に面会した堺利彦が、彼女の肖像写真の裏面に「隆鼻術を施したる管野幽月（＝須賀子の別名）／彼が死刑に処せられたる日堺利彦題」と記入しているから整形の事実は間違いない。

須賀子が整形した理由については諸説ある。一九〇八年の赤旗事件で検挙されたとき「巡査に『シャクれた女』と、鼻のひくいことをからかわれて、腹を立てた幽月は、隆鼻術の整形をうけて失敗した」（『革命伝説　大逆事件』）というのが神崎清の説。瀬戸内寂聴も小説『遠い声』で彼女を描き警官に「侮辱された悔しさから、出獄したその日のうちに手術をうけてやった」と表現している。一方、結核が重症化しつつあった管野が巡査の挑発に応じて鼻を高くすることで意趣返しをした気になれるだろうかと疑問視する研究者もいる（村田裕和「逆徒の『名』」『立命館文学』六一四号）。

須賀子が整形したのは夫の寒村が獄中にいた間で、その後、須賀子は幸徳秋水と同棲、離婚したから寒村は死刑囚である彼女の面会に行かず整形した顔をみていない。いや一度だけ見る機会があったが寒村は見なかった。彼女の処刑遺体が戻ってきた時のことを寒村はこう書いている。「棺のふたを払って管野の死顔をみた（友人の）安成は、頸筋の幅ひろい暗紫色が絞刑の索《なわ》のあとを示していると語ったが、私にはどうしてもそれを見る勇気がなかった」（『寒村自伝』）。

自分の投獄中に整形して他の男のもとに走りその男とともに死刑になった元同志の妻の死に顔である。このときの寒村の心中を思うと言葉がない。

「開眼」手術の天才医師

　明治時代、日露戦争のころから鼻を高くする美容整形は日本にあって歌人の与謝野晶子までがこの手術をうけたといわれている。大正時代になると、鼻以外の手術もさかんになる。

　目の手術はどうだったのか。明治期から日本人の美人観でもっとも変わったのが目である。江戸人も高い鼻は好きであった。鼻筋が通っているのが美人の条件であった。ところが目に関しては現代人と美意識が異なり、江戸人はヨコに長い目は好んだが必ずしもパッチリした目でなくてもよかった。

　ところが西洋的な美の感覚が入ってきて目はヨコ幅だけでなくタテにもひらいた大きな目が良しとされるようになり、悲惨なことに、東アジアのモンゴロイドは外科手術でもってこの目を人工的に拵《こしら》える必要に迫られた。そこで二重瞼などの整形手術が開発される。

重要なのは、この「開眼」手術が一人の天才医師によって日本で創案されたことである。しかもその医師は東京帝大医学部の教授などではなかった。市井の開業医であった。これほどの名医でも今日では一般にはその名を忘れ去られているから、きっちり書いておきたい。世界の医学史に名をとどめるべきその人物の名は内田孝蔵（一八八一～一九五二）という。

内田は長野県に生まれた。父は旧高遠藩の藩校師範で画家であった。それで内田には生来の美的センスがあって、長じて医者になってからも絵筆を手放さぬような芸術家肌の一面をもっていた。福岡医科大学に学び、当時、形成外科学で全世界の先端をいくベルリン大学に留学した。画家を父に持つ美感の鋭い医者が世界レベルの執刀技術を身に付けたため医学上の奇跡がおきたといっていい。

内田は帰国すると東京丸の内の丸ビル内に「丸ビル眼科」を開業した。戦前までは「美容外科」という医学を総合するくくりはない。鼻は耳鼻科医が、目は眼科医が整形する体制であって美容外科の専門学会ができたのは第二次大戦後の一九四八年のことである。

そんな状況下で内田の民間医院がほぼ独壇場で東洋人の目を開眼させる手術を開発していく。しかし風当たりも強かった。息子で後継者の内田準一は昭和三十（一九五五）年になって次のように回想している。

「当時の医学界からは重瞼術（二重瞼手術）そのものも異端視され白眼視されたのであります」

今からすれば、おかしな話である。鼻にパラフィンを注射して高くするひどい整形技術は東京帝大の耳鼻科が中心になってすすめたこともあって医学界でもさほど異端視されなかった。ところが目の手術は民間病院の内田が独自に拓いて技術的に突出していたため、いわれのない非難にさらされやすかった。

内田が「内田式重瞼術」を創案したのは大正十二（一九二三）年頃のことである。この技術開発年が大正十二年なのにははっきりした理由がある。同年、関東大震災が起きた。内田は地震火災で、目を傷めたり、やけどで瞼の皮膚がひきつったりした人々を無償で診療した。この過程で内田の執刀手技が磨かれ、目の整形についてのさまざまな技術開発がなされた。さらにいえば一九四五年の東京大空襲のやけど患者の治療で内田の病院の整形技術はさらに向上した。

人を妬まぬよう心がけて暮らしたいものである。献身的にやけど患者を救っていた内田の病院に対して当時の医学界は罪深いことに眼科の邪道と陰口をたたき「重瞼病院」と揶揄していたのである。

昭和初年のビフォア・アフター

内田孝蔵という東京の丸ビル四階にいた市井の天才眼科医が二重まぶた整形手術を発明した。大正十二（一九二三）年頃のことであった。

しかし戦後でさえも美容整形は長く医学の異端児とされた。黎明期の大正昭和初期の整形手術はなおさら白い目にさらされた。「病気を治すのが医師の本領」という保守的な医者に、孝蔵は反論している。「それは患者の精神的方面を無視し、人生の実際を顧みない人と云はねばなりません」。医学は「人」を治すものである。病気に固執して肝心の人を忘れてはいけない、というのである。それが震災のやけど患者をみてきた孝蔵の言い分であった。

昭和三（一九二八）年、孝蔵はラジオに出演し「眼に就いての美容と表情」という講演を放送する。その講義録を自分で出版したのが「整形のいろいろ」という冊子である。

これには整形の術前・術後の比較写真が百六十例近く掲載された。今では当たり前の美容外科のビフォア・アフター写真は昭和初年に登場したのである。ただし孝蔵はこれが自分の病院の広告とみられるのを嫌ったらしい。「この本は整形に関する一般人の知識を涵養する目的で書いたものであります…広告と御思ひの方は勝手乍ら御覧にならないよう堅く御断りして置きます」と最初のページに書いている。

孝蔵は子息の内田準一とさまざまな整形手術を改良していった。この父子は「美人とは何か」という根本問題について相当に思案した。どんな目が美しいか。これを客観的に調べようとし、なんと「内外の美人スターの眼を精密に測定して統計をとってみ」た。その結果、こんなことが判明した。美人スターの目はやはり一般人よりも大きい。どれぐらい大きいかといえば、タテに5ミリ、ヨコに8ミリも大きい。一般人の目はタテ6〜9ミリ、ヨコ24〜28ミリなのに対し、美人スターの目はタテ11〜14ミリ、ヨコ32〜36ミリもあった。内田父子が美人の写真に物差しをあてて測ってえた結論は「眼の美しさあるいは魅力というものに対して、眼の大きさが非常に重要な役割を果たしている」というものであった。

これは現代の社会心理学の研究成果に一致している。一九八六年にカニングハムという学者が男性陣に女性の顔写真を「顔刺激」としてみせ顔のパーツの大きさやパーツ間の距離による「性愛反応」をたしかめた。その結果は「目が大きい、鼻が小さい、口が大きい、アゴがとがっている」のを魅力的に感じているということであった。一九九〇年、カニングハムは女性陣に男性の顔写真をみせ顔パーツのうち何をもってイケメンと感じているかも調べている。この場合も目の大きさが重要な要素となっていたという。近代以降、人類は目の大きな顔を好む傾向を強めた。「女性の顔の美しさは顔に占める目の面積の大きさでほぼ説明がつく。その説明力は相関係数R2乗値で0・78」ともいわれる。

この美意識のもとでは中国、朝鮮、われわれ日本などモンゴロイドは不利だ。目の涙腺を覆う「蒙古ヒダ」がついており、また瞼の脂肪が分厚く眼球を覆い隠してしまう。遠い先祖がよほど寒い所にいたらしく涙腺が直接寒気にさらされないよう「寒冷地適応」としてこの蒙古ヒダや脂肪がついた。モンゴロイドにはこれを切り開かないと人生が切り開けないと思う人がかなりいる。東洋人にしかない蒙古ヒダを切開して目を大きくする技術を内田父子が開発し、これが現在東アジア中にひろがったのである。

陽精無力《インポテンチア》と陰萎《ED》

「勃起」というその二文字に私の目は釘づけになった。いや普通のシチュエーションならば、そんなことはない。そのとき私は幕末の古びた和本をみていた。幕末人の書いた勃起という言葉に素直に感動したのである。

その本は緒方洪庵《おがたこうあん》の『扶氏経験遺訓《ふしけいけんいくん》』であった。緒方は幕末きっての西洋医である。大坂に適塾《てきじゅく》をひらき慶応義塾の創始者福沢諭吉などを育てた。緒方が日本一の西洋医とされ門前市をなすほど門下生があつまったのには理由がある。彼こそが西洋内科医学の決定版の医学書をみつけ、優れた語学力でそれを翻訳し、出版したからである。なにしろ病気の症状も原因も薬の処方も全部書いてある。幕末段階では、この本さえ学べば、いっぱしの西洋医として通用した。

そんな、とてつもない医書を著したのは誰かというと、ベルリン大学医学部長でフーフェランドという人であった。技術・人格ともに優れた医者で当時世界一の名医だった。

緒方はこの名医が五十年の診察経験をもとに一八三六年に出版した実践的な医学書をオランダ語版で入手。翻訳に着手した。フーフェランドの「フ」をとって『扶氏経験遺訓』として出版したのである。ペリーの黒船がやってきた四年後、安政四（一八五七）年のことであった。

緒方はフーフェランドの医学を忠実に翻訳していった。日本の医学にとって幸運であったのは、フーフェランドが患者の悩み苦しみに徹底して寄り添うタイプの医学を説いていたことである。

「医で生活する者は人の為だけ。自分の為ではないというのが医業の本旨です。安逸に流れてはいけない。名利を求めてもいけない。医者は自分を捨てて人を救うことをひたすら願い、人命を守り、病気を回復させ、患者の苦痛を和らげる外ないのです」「病人に対してはただ病人をみる。貧富貴賤をみてはいけない。富者からの一握の黄金と貧者が流すありがとうの涙。心打たれるのはどちらか。このところを深く考えてみてください」

緒方はフーフェランドのこれらの言葉を十二カ条にまとめ『扶氏医戒之略』として門下生に授けている。このようにフーフェランドは患者の悩みにこたえようとしたから、その著作には不妊治療や男性機能障害などの治療法も記されていた。

「インポテンチア」

緒方はこれも生真面目に翻訳し「陽精無力」の訳語をあて治療法を日本に紹介している。緒方は、インポテンチアを「妊孕《にんよう》せしむべきの交媾をなすこと能はざる者これなり」（妊娠させる性交をすることができないものをいう）と訳している。緒方はセックスを「交接」とも「性交」とも訳さず、「交媾」の訳語をあてたとは不覚ながら全く知らなかった。

緒方は西洋医学における男性機能障害についてさらに詳しく翻訳している。「この病、陰茎全く勃起せざるあり〔陰萎《いんい》〕。交媾の際、精液射出早きに過ぐるあり。全く精液射出の機を欠けるあり」

勃起という用語がはっきり使用され、今日、勃起不全といわれる症状に緒方は「陰萎」という室町時代以前からある漢方用語を使った。早漏についても書かれているが、早漏の語はなく、これについては専門の熟語は使用していない。ちなみに早漏は近代以後の新しい用語とされる。さて「勃起は緒方が考えた訳語か」と思ったが、すぐに違うことに気付いた。緒方以前に勃起の語を使用した古文書があったのを思い出したからである。

幕末の男性不妊治療

美容整形につづいて男性不妊治療の歴史をとりあげた。本連載の目的は歴史学が恥ずかしがって追究してこなかった今日的重要問題を掘り下げることにある。さらに詳しく述べたい。

男性不妊・勃起不全の近代的な治療法を西洋から日本に紹介した最大の功績者はやはり幕末の蘭学医・緒方洪庵であった。慶応義塾を創立した福沢諭吉のお師匠さんである。

緒方は安政四（一八五七）年にベルリン大学医学部長フーフェランドの医学書を『扶《ふ》氏《し》経験遺《けいけんい》訓《くん》』として和訳出版し、そのなかで男性不妊の原因を三つにわけて説明した。第一は「亀頭の包皮狭窄」など性器形状の不全。第二が「精液の質、稀淡にして……其製造よろしからず」という造精能力の不全。第三が「神経力・筋力、劣弱にして陰具勃張すること能わざる」勃起能力の不全である。

ややが話がそれるが、ここで緒方が「包茎」という単語を使わず「亀頭の包皮狭窄」と表現している点は重要である。「包茎」は慶応三（一八六七）年初版の日本初の和英辞典『和英語林集成』に登場し、明治五（一八七二）年の医療用語集『医語類聚』にも載っている。つまり「包茎」という言葉は明治維新直前には普及していたが、ペリー来航直後、緒方が生きていた安政期にはまだ使われていなかった可能性がある。また緒方は男性器のエレクトを表現するのに「勃起」といったり「勃張」と表現したりしている。つまり表記に、ゆれがあり、「勃起」もこの時期、常用単語としての地位を確立しきっていなかったことをうかがわせる。

さて幕末の西洋医は男性不妊をどのように治療するのか。勃起不全＝ＥＤは加齢や病気、そして緒方が「過度苦心労」と訳すストレス過剰などが原因となる。緒方の翻訳医学書は薬物治療の処方箋を掲載している。今はバイアグラ・レビトラ・シアリスという三大ＥＤ治療薬があるが、この時代、そんなものはない。

緒方が紹介した処方は当時の強壮薬である。マラリヤ特効薬のキナ、ジャマイカ産植物に由来するカッシア、マダガスカル産の健胃薬コロンボそして鉄などである。マラリヤ特効薬や胃薬を強壮薬に使うのだからこの薬物療法はさして効果はなかったにちがいない。

しかし、さすがにフーフェランドは名医である。「この病の施療において患者の精神意識にも注目せんことを要す」と心理ケアが重要なことを指摘し、鉱泉（ミネラル水）

を飲ませ牡蠣・エスカルゴを食べることを奨励している。牡蠣やエスカルゴは精子の材料になる亜鉛を多く含むからこれは完璧な正解である。

事実、フーフェランドは、ＥＤ患者の治療に成功している。患者を精神的刺激から遠ざけて早起きと運動を命じ、ミネラル水を飲ませたり鉱泉浴をさせたりして、見事に子どもをもうけさせたという。

ちなみに緒方自身はこうした生殖医療知識をもっていたためか、子作りに困った形跡はない。なにしろ緒方は生涯に七男六女、十三人の子をもうけているのである。

こうした生殖知識が日本人一般にどのように普及したのか気になる。人間はいかに生ずるのか。この根本知識を日本人はどうやって知ったのだろうか。私は平田篤胤が大きな役割を果たしたのではないかと考えている。平田は二百年前から神道の思想に絶大な影響を与えた国学者である。この平田こそが「勃起」という言葉をはじめて大々的に使い、生殖する男女の身体の仕組みを正確な医学知識に基づいて人々に知らしめた男である。

生殖のしくみを江戸に広めたのは

人間は、どのように産み出されるのか。わたしたちは学校の保健体育の授業で習う。あるいは、家族や先輩友人が「子づくり」についていささか照れながら教えてくれる。人体の解剖学的知識にもとづいて生殖のしくみがわかっているのは近代人の一つの特徴であるが、日本人は、いつ、どのようにそれを知ったのか。

やはり杉田玄白・前野良沢《りょうたく》らの『解体新書』（一七七四年）が大きい。しかしこれは医師など一部の専門家向けの本である。一般人がこの本を直接みたわけではない。日本では明治以後、西洋医学が主流になったから『解体新書』の意義が強調され、学校教科書が大きくとりあげているが、江戸人への解剖学知識の普及の観点からいえば、もっと重要な書物が存在する。

——平田篤胤『志都能石屋《しずのいわや》』（一八一一年）である。

この写本をはじめてみたときには驚いた。別段、珍しいものではなく、神田神保町の古本屋で五百円で安売りされていたが内容がすごい。「心の蔵が縮張《のびちぢみ》をして其いきほひに連れて、かの左室（左心室）の頂《いただき》から、さしいでてをる動血脈と云、脈管へ血を送るでござる」などと書いている。「血の一身を循《めぐ》る仕かけ」つまり一六二八年にイギリスのウイリアム・ハーベーが唱えた血液循環説を紹介している。さらに別な個所には人間の精神は心臓でなくて脳に宿ると正しく書いてある。そればかりではない。射精の仕組みが詳説される。「陰具が焮焚勃起する。ここに於《おい》て交接いたし。しきりに此《これ》を摩《ま》蕩《とう》すれば。神経大きに夫《それ》に感じ……精嚢《せいのう》におし迫つて射《い》出《いだ》す」。

これが「勃起」という言葉の古い用例で小学館の『日本国語大辞典』がこれを紹介している。しかし私が調べてみると、もっと古い用例がある。一七七四年の『解体新書』の茎（ペニス）の説明に「勃起を佐《たす》け、且つ、精を瀉《しゃ》す」とあるのが古い。勃起の語は中国古代の歴史書『隋書』にあるが普通に「国が勃興した」の意味で使われている。勃起を男性器が大きくなった状態を表すのに使いはじめたのは『解体新書』の杉田や前野たちであったかもしれない。

しかし勃起を日本語として広めたのは平田篤胤であろう。平田は国学者であったが医者でもあり「幼年の時から医の事を学」んだ。「世界中の学問は天照大神に奉仕するためにある。善を取り悪を捨てる形で摂取すればよい」という思想の持ち主で「西洋人の解体の事をよく明らめておいたを見て、常に身体の中は、かうした物と云ふことを心得るが肝要」といった。日本初の西洋内科医といわれる吉田長淑について西洋医学も学んでいる。

平田は『解体新書』と宇田川玄真の翻訳書『医範提綱《いはんていこう》』（一八〇五年）を参考に『志都能石屋』を書いた。六年前に出版された『医範提綱』をほとんど引き写しにしている。先にのべた射精の仕組みも「陰茎強直になり。其脈絡、及び、筋の中に血充実して焮焮起脹す。此に於て交接してしきりに此を摩蕩すれば。神経大きに感触……射出する」という『医範提綱』の記述をもとにしたもので「起脹」を『解体新書』の表現である「勃起」に言い換えただけである。

平田は平田国学の祖とされるが江戸で神官などにも医学の大意を講義した。その講義録が『志都能石屋』である。幕末明治初年にかけてこれが『解体新書』とは比べ物にならぬほど出回った。国学者が西洋の医学知識を一般に普及させていたのが実態だが、本当に影響力をもったものは歴史の教科書には載っていないことが多い。

家康のコイを食った男

「徳川家康の好きな食べ物は何でしょう?」静岡県庁から、そう聞かれて困った。その時分、私は県立の静岡文化芸術大学に勤めていた。答えないといけないらしい。「そもそも県庁がなぜ家康の好物なんぞ調べているのか」と訊くと、「家康公没後四百年が二〇一五年に迫っています。『ふじのくに家康公観光事典』というのを作り、家康が愛した静岡の食(特産品)を紹介するのです」という。

商魂たくましいな、と思ったが、面白そうなので、家康の好物を調べてみることにした。

家康は「タイの天ぷらを食べて死んだ」という俗説がある位だから地元では、タイは好きということになっている。

ちなみに、徳川家では今でも天ぷらは警戒すべき食べ物であるらしい。以前、徳川宗家の御当主と月刊誌で対談をしたことがある。出版社が何を思ったか、対談後の会席に天ぷら屋を予約していた。山の上ホテルの有名な天ぷら屋でおいしかったが、徳川さんが「ほんとうは天ぷらはいけないのです」とおっしゃったのをはっきり憶えている。そういいながら徳川さんはパクパク食べておられた。さすがにタイの天ぷらは出ていなかったと思う。

家康に話をもどす。タイはどうか知らないが、家康がコイが好きだったのは間違いない。『岩淵夜話別集《いわぶちやわべつしゅう》』という古文書を解読していたとき、私は、それを知った。家康はケチである。まだ岡崎城にいたころのこと、家康は普段の食事は質素にしていたが、大切なお客がきたときの接待用に、コイを三本（昔は本と数えた）いけすで飼っていた。頭からしっぽまでの長さが三尺（約九〇センチ）もあるコイで丸々と太っていた。

ところが、鈴木久三郎という家臣がいた。このコイを一本すくって台所で料理をさせ、あろうことか主君家康が信長公から贈られた「南都諸白《もろはく》」の酒樽の口を切って、人にも振る舞って全部食べてしまった。

「南都諸白」というのは、当時、南都奈良の寺院だけで醸造されていたもので、今でいう清酒である。この時代、酒は濁り酒しかなかった。どぶろくばかり飲んでいる者にとって、この清酒の味はたまらないもので、「一度でいいから口にしてみたい。主君に殺されてもよいから飲んでみたい」と思うほどのものである。実は数日前、鈴木の同僚が家康の定めた禁猟区で魚鳥を獲り、牢屋に入れられていた。これに抗議しようとしたのである。

家康がいくら数えてもいけすのコイは二本しかいない。台所役人を問いただすと、鈴木が食べたという。家康はみるみる機嫌が悪くなって「自分で手討ちにする」（御自身、御手討に遊ばさるべし）といい、長刀の鞘を払い、縁側に仁王立ちになって「鈴木をよべ！」とすごい剣幕。鈴木は覚悟したようで、ひるまず「かしこまり候」と出てきた。

「鈴木、不届き者め。成敗するぞ」と家康がいうと、鈴木は何を思ったか、自分の刀を後ろに投げ捨て、逆切れしたのか、怒顔で家康に言い返しはじめた。

「そもそも、魚や鳥に、人間（の命）を替えるということがあるか。そんな了見で天下は獲れるか。したいようにすればいい」。そう捨て台詞をはいてもろ肌をぬぎ、斬ってくれろとばかりに近づいてきた。家康は子供っぽいところがあるが、苦労人である。

「もはや、ゆるすぞ」と静かに長刀を鞘におさめた。鈴木は殺されずにすんだ。のち三方ヶ原合戦で家康の命を救っている。

家康の「栗入り麦ごはん」

家康の好物の一つがコイであることがわかったが、静岡県としては、これだけでは具合が悪いらしい。家康が愛した食として特産品で売り出すにはコイはあまりに「戦国食」すぎるからだろう。県庁の役人が「先生、家康の好物は他にも何かありませんかね」という顔をする。

「麦飯では、だめですかね」

家康は倹約家だから米に麦を混ぜて食べていた。岡崎城にいた苦労時代はとくにそうで、夏のうちは麦飯を食べた。あまりに粗末な食膳なものだから、給仕の小姓が気をきかせ、飯を盛るとき、お椀の底にコメを入れ、その上に麦飯を少しかぶせて差し出した。家康はすぐにこれに気づいて激怒した。

「おまえは、わしの心がわからんのか。ケチだとでも思っているのか。今は戦国だ。毎年、兵を動かさなくてはならぬ。ちょっとでも倹約して軍費にしたいと思っているのだ」。『武将感状記』（一七一六年）にある家康の逸話である。

しかし家康が死んでから百年も後になって書かれたことだから、本当かどうかわからない。そのうえ、食べていたのは、岡崎城に住んでいたころの夏であるから、夏季限定「家康麦飯弁当」が売り出せるのは愛知県の岡崎市であって、どうも静岡県ではなさそうである。またしても県庁の役人の顔がくもるから、また考えなくてはいけなくなった。

「いいのがありました。これは静岡の特産品として全国に売り出せます」県庁の役人が身を乗り出した。

「家康が駿府に隠居した理由を知っていますか。その一つが食べ物なんです」『廓山和《かくざんお》尚供奉記《しょうぐぶき》』というのがあって、そこに家康がわざわざ駿府を選んで隠居した理由が五つばかり書かれている。

第一、ここで幼時をすごし故郷同然である。第二、冬暖かく老いを養うのに最適である。第三、コメの味が他国に勝る。第四、大井川・安倍川・富士川があり背後に箱根の天険があって要害堅固の地である。第五、江戸に向かう大小名が途中、自分に拝謁するのに便利である。

「家康が静岡のコメは他国に勝るうまさといっているのは宣伝に使えるのではないですか」そういうと県庁の役人たちの顔がほころんだ。

全国の政令指定都市・県庁所在地のなかで、静岡県の浜松市・静岡市はコメ消費量の一位、二位を独占していた。最下位は私の郷里岡山市だ。確かに静岡米は岡山米よりうまい。食べたくなるのはわかる。しかし私はもっと美味しいコメを知っている。それは滋賀県甲賀地方のコメで忍者の子孫達が作っている。大昔、琵琶湖の湖底であった土壌が良いのだろうか。とにかく甲賀の米作りが上手な農家のコメは新潟のコシヒカリなど問題にならないほど美味しい。それで、私はふだん甲賀米を食べていて、これが切れた時だけ、しかたなく次に味の良い静岡米を食べているのだが、静岡県の役人にそんなことは言えない。

忍者で思い出したが、家康は、ある時、ごはんを三バイも食べた記録がある。信長が本能寺で殺された時、家康は堺から三河に逃げ帰った。忍者に護られ伊賀を越え伊勢湾に浮かぶ船に乗り込んではじめて、ほっとした。腹が減った。「飯を出せ」というとコメと麦と粟を一緒に炊いたものが出た。「おかずはないか」というと蜷《にな》（巻貝）の塩辛が出た。余程、これが美味しかったらしく家康は三バイも食べたという。「粟入り麦ごはんを巻貝の塩辛で食べる『家康伊賀越弁当』ってのはどうでしょう」といったら「先生。それは三重県です」といわれてしまった。

命は食にあり

信長・秀吉・家康の「三英傑」のうち、いちばん「食」を大切にしたのは、家康であったろう。家康は食事を大事にしたがゆえに長生きもでき、天下が取れたといえる。

これに比べれば、信長・秀吉は死生観がまったく異なっていた。

信長の口ぐせは「死ぬのは必定。死後の語り草に何をしようか」(死のうは一定。忍び草には何をしよぞ)であった。この小唄を好んで口ずさんだ。人間どうせ死ぬから、後世、語り草になるようなことをやってやろう。事実、信長はそうした。異様な風体で父の葬儀に出て、衆人を驚かせ、桶狭間で今川義元を討ち取った。安土城に絢爛たる天守閣を建て、大坂湾には鉄板で装甲した巨大戦艦を浮かべ、毛利水軍を撃退した。信長は彼自身が望んだように後世の語り草となった。

秀吉の口ぐせは「いい夢みさせるよ」(よき夢をみさせようぞ)であった。廊下ですれ違っても秀吉は家臣にこの言葉をかけ、時には大きな財布から銀の粒をいきなり与えた。秀吉についてさえいれば、面白い夢がみられる。豪華な着物も、食べたことがないような食事も、見たことがないような宴もみられる。これが秀吉の政治的求心力になっていた。だから秀吉は「秀吉劇場」で日本中を魅了し続ける必要があった。中国・インドまでも平定すると豪語し朝鮮に攻め込んだ。吉野山や醍醐で豪勢な花見を催したのも、そのためであった。最後は、彼の肉体とともに彼の夢も消え「露と落ち露と消えにしわが身かな浪華のことは夢のまた夢」という辞世を遺した。秀吉の人生のテーマは最後まで夢であった。

一方、家康の死生観はリアルなものである。信長は「死」、秀吉は「夢」を人生の主題にしたが、家康は「生」を人生のテーマとした。生き延びる命が家康の大切にしたものであり、家臣と共に懸命に松平（徳川）の家の命を後世まで全うしようとした。命を全うするには「食」が大切である。家康にはその認識がはっきりあった。『駿河土産』という書物がある。家康が駿府城に隠居したころのことを記録したもので、家康の食についての考えが記されていて面白い。

あるとき、家康は駿府城内で少し体調をくずして寝込んだ。しかし、すぐ快くなってきた。家康は脈をとりにきた医師衆に「気分もよくなってきた。第一、食事がすすむ」といった。すると医師衆が「それは一番です。命は食にあり、といいますから、何より、めでたいことでございます」と、なんとなくいった。

家康の目つきが変わったのはその瞬間である。厳しい言葉づかいで医師衆にこういった。「命は食にあり、ということを、そのほうどもは、いかがに心得ているか。たとえば、この暮れに生まれた子に乳を飲ませるのでも、多すぎず少なすぎず、と思う親たちの心でなければうまくいかない（命はちゃんと育たない）。総じて、人は朝夕の飲み喰い物が大事なるぞ、という心ではないのか」それで医師衆があわてて「至極、ごもっともでございます。これまで、命は食にあり、ということを、我々はきちんと料簡しておりませんでした」と、あやまった。家康の「生」に対する執念を感じる逸話である。

「命は食にあり」「人は朝夕の飲み喰い物が大事成るぞ」という家康の言葉は現代にも通用する。家康、秀忠の時代、徳川家では何を食べていたのか。池田光政という大名が幼時徳川家で出された食事について語っている。「お料理は蕪汁・大根膾・荒目（昆布）の煮物・干魚の焼物なり」（『明良洪範』）。質素ながらもバランスのとれた健康食であったという。

将軍が愛したウナギ

二〇一三年二月にニホンウナギが絶滅危惧種に指定されたが、ウナギについて書きたい。藪から棒だが、江戸も末期になると「通信社」というものがあった。藤岡屋といい、江戸の町からニュースをあつめてきて有料で提供した。江戸の噂を書きとめた記録を貸本の形で配信したのである。諸大名の江戸留守居役（東京事務所）などはとくに重宝して買った。今では『藤岡屋日記』として全十五巻で出版されている。この『藤岡屋日記』で面白いのはやはり幕府が滅亡する慶応四（一八六八）年の一月、鳥羽伏見の戦いののち、徳川慶喜が軍艦に乗って江戸に逃げ帰ってくるあたりの記事である。意外なことに、そこにウナギの話が出てくる。

慶喜は軍艦から降りるなり「ウナギを買ってこい」と命じたという情報を藤岡屋はキャッチしている。

「上様（慶喜）は帰ってくるなり金二分を（家臣に）渡してこう仰せられた。『久しく京都に住んで体の油が抜けた。骨が離れてしまいそうだから、ウナギのかば焼きを取り寄せてくれ。霊岸島の大黒屋のがいい』」

慶喜もよく知っていたものである。大黒屋のウナギといえば江戸で一番であった。幕末のウナギ屋番付でも西の大関がこの大黒屋であり、東の大関が麴町の丹波屋であった。丹波屋は近年廃業してしまったがその板長・苅込勇吉さんが新横浜と目黒で新しく「大黒屋」をはじめたときいている。

それはともかく、霊岸島の大黒屋は大関どころか横綱相撲のウナギ屋で、なんとウナギが一番売れる土用丑の日には必ず休業した。「客が来すぎて仕事が粗末になるから」というのがその理由で平素も良質のウナギがなくなると「魚切に付休業」の札を出してすぐに店をしめた。味はいささか辛めだが漬物がうまく、ごはんの炊き方が精良であったという。

慶喜が食べたがったのはこの大黒屋のウナギであった。幕末の京都では美味いウナギは食べられなかった。ウナギの蒲焼は江戸で発祥した。天明の頃（一七八一～八九）、浜町河岸にあった大黒屋がはじめたとされる。京都と違い、幕末の江戸はウナギ屋だらけであった。二百二十軒以上のウナギ屋が「江戸前大蒲焼番付」に掲載されており、掲載されていない店も入れればもっとあった。人口百万ほどの都市に三百軒前後のウナギ屋がひしめいていたと考えられる。

一方、京都では明治三十七（一九〇四）年に江戸川が四条大橋東詰で創業するまで川魚の一つとしての鰻料理はあっても蒲焼は一般的ではなかった。

長い京都滞在中、慶喜はずっと江戸前の蒲焼、とりわけ「大黒屋」のウナギが食べたかったのであろう。ところが戦争のさなかである。金二分で買えると思っていたウナギは二倍に値上がりしていたのか、金一両（＝金四分）出さなければ大黒屋のウナギは買えなかった。お使いに走ったのが、慶喜の身辺警護を担当していた剣豪・榊原鍵吉で、この男は忠義にも自腹で二分足してウナギをちゃんと買って帰ってきたという。ただ榊原はこの話をだまっておればよかったのをしゃべってしまった。「同人の咄」として今日に伝わっている。

慶喜がウナギを食べたあと京都では慶喜追討の担当者・東征大総督府参謀が決められた。長州の広沢真臣。かつて品川の蒲焼屋の雇人に化けてウナギを割きながら幕府の動静をさぐっていた男であった。ただこの参謀人事はすぐに撤回され、薩摩の西郷隆盛にかえられた。西郷もウナギ好きで有名。数々のウナギ事件を起こしている。

西郷隆盛が古文書偽造!?

「書画骨董に偽物が多いのは、どういうわけか」と、日ごろから思っている。誰かが偽物を作っているのだが、偽物を作る現場について記した古文書は少ない。ただ私のように長年、歴史学をやっていると、偽物を作ったことのある古美術業者がこっそり偽物の作り方を告白してくれることはある。その業者はもう亡くなってしまったからここに書けるが、父親の代のこととしてこう話した。

「木彫りの仏像なんかはね。新しいのを買ってきてよく家の裏の沼に鎖をつけて沈めておきましたよ」

何年かして沼から引き上げると古めかしい中世の木像にみえる。外貨が高かった頃それを外国人に売ったというのである。

「先生などは知らないと思いますがね。紙の古文書だって古く見せる手はあるんですよ。

コーヒーの粉をかけて汚す。よく火であぶって茶色にしたのがありますが、あれはすぐバレますね」

私は絶句した。本物にコーヒーの粉をかけてしまう場合もあるというから本当に困ったものだと思った。

「今はもうやらないんでしょう?」ときくと、

「明治大正の頃ほどではありませんがね。偽物作りは今もありますよ。電子レンジ。あいつを使いましてね。木箱なんか古くしちゃう」

びっくりした。骨董品は箱が大切だが電子レンジで箱を古めかしくする方法があるという。

「でも木箱を虫が喰っているのがあるでしょう。あれなんかで古い箱は判別できるでしょう」

「先生、あまいですよ。やろうと思えばシロアリを飼って木の板を喰わせることだってできる。そもそも何百年もたった板や桐箱なんて、どこにでもありますから」たしかにそうである。「古文書を見るときは余程偽物に気をつけなくては」と思った。

現在残っている偽物をみると、やはり幕末明治大正の作製物が多い気がする。いたずらで作ったものも、かなりあるらしい。

西郷隆盛はいたずら好きで偽物を作って大久保利通や松方正義をだましてみようとしたことがあったらしい。明治末の「国民新聞」にその話が載っている。倒幕後の西郷はさびしげであった。明治四（一八七一）年、西郷は参議として復帰して東京にきたが、明治新政府の顕官がべらぼうな高給をとり西洋化政策を進めるのを、いじましく思いはじめていたらしい。

西郷は清朝の学者・陳元輔《ちんげんほ》の偽物を作ることにした。薩摩支配下の琉球人は留学してこの学者に学んだ。また『茶略』という茶の本の著者でもあったから薩摩人や煎茶愛好者に陳元輔は有名であった。西郷はこの人の詩巻を好み知人から借りて臨書しているうち上達して本物そっくりに書けるようになったという。

そこで西郷は考えた。琉球奄美特産の芭蕉布を用意しそれに自分で古色をつけ偽印を作って押し立派な陳元輔の詩巻を作ってみたのである。西郷は欧州留学から一時帰国してきたイトコの大山巌を呼び「これを大久保（利通）に持って行って十五円（現在の四十五万円）ばかりに売って来やい。ウナギ飯でも喰おう」といった。西郷はウナギに目がない。

ところが大久保利通は忙しくてそれどころではない。「まず止めておこう」と返された。それで今度は同じく薩摩出身の松方正義（大蔵少丞、租税権頭）に持っていった。松方はすぐに西郷のいたずらと見破り「西郷さんの書。ありがたく頂戴します」と取って返さなかった。西郷は「あたらウナギを喰い損じた」と一笑していたという。ただ、この話自体が偽物の可能性もないではない。

隕石はどこに落ちたのか

江戸の町は隕石の直撃をうけたことがある。古文書の記録をもとに私磯田道史は、以前からその落下地点を気にしてきた。しかし、その正確な位置を割り出すことができず、そのままにしていた。ところが二〇一三年、ロシアに巨大隕石が落ちてきて大騒ぎになったから改めて史料を出してきて検証し、東京都心に落ちたその隕石の落下場所を半径百メートルまで絞り込めたから書いておく。

その隕石がやってきたのは文政六年十月八日。太陽暦では一八二三年十一月十日。落下時刻は「戌刻」夜七時四十五分前後とするものと「八つ時」昼一時三十六分前後とする記録の二つがある。同時代の史料たとえば平戸藩主の松浦《まつら》静山《せいざん》が書いた『甲子夜話《かっしやわ》』などは戌刻下りとしているからおそらく夜八時半〜九時頃が正しい。記録の多くは夜の出来事であったと書いている。

早稲田大学図書館が持っている『続日本王代一覧後記抜萃《ぞくにほんおうだいいちらんこうきばっすい》』を解読してみると「戌刻、また雷鳴小雨。光物が飛行する響きが大地を震動させた」と書いてあるから落下時にすごい震動が江戸の町に響きわたったようだ。松浦静山は学者仲間から隕石落下の証言をきいている。

「西の空に大砲のような音がして北へ行った。北の戸を開けるとまだ残響が轟いている。あとで人の話をきくと『そのとき大きな光り物が飛行するのを見た』といった。それから数日後に聞いた。早稲田に身分の低い御家人の住居がありその玄関のような所へ、石が落ちて屋根を突き破り、破片が飛散した」

落下地点についてはさらに詳しい記録がある。鈴木桃野《とうや》『反古《ほご》のうらがき』だ。「早稲田と榎町との間の、とどめきという所に町医師がいてその玄関前に二尺に一尺（六〇×三〇センチ）ばかりの玄蕃石のような切石が落ちて二つにわれていた。焼石とみえて余程あたたかであった」。

隕石が落ちたのは御家人ではなく「とどめき」という所の町医者の玄関先であったらしい。さて早稲田と牛込榎町の中間にある「とどめき」とは、どこか。まず江戸時代の住宅地図『江戸切絵図』で調べることにした。すると牛込弁天町・宗参寺の脇に轟橋という橋がある。『江戸名所図会』でこの宗参寺の項目をみると「弁天町にあり。此地を土俗とどめきと云」と書いてあった。これでわかった。隕石が落下したのは、現在もある宗参寺の北側、弁天町交差点からみて北西の一角だ。江戸時代の地図と照らし合わせて考えれば、現在でいえば新宿区早稲田町の銭湯大黒湯の周囲百メートルの範囲のどこかに落ちたとみてよい。

それにしても大きな隕石である。『武江《ぶこう》年表』や『ききのまにまに』など「一間半」(二メートル七〇センチ)ほどの石であったと記す史料さえある。たぶん『反古のうらがき』にある六〇×三〇センチがおそらく本当の隕石の大きさだと思うが、それでも大きい。

ところでこの隕石はどこへ行ったのだろうか。現在まで不明である。町医者がどこかへやってしまったのだろうか。しばしば隕石は落下地点近くの神社のご神体になっていたり寺に奉納されていたりする。庭石に化けている可能性もゼロではない。牛込・早稲田あたりで表面が黒く焼けたかんじの石をみたら要注意だ。

ここまで書いて、いまさらながら、気づいた。隕石は高価なものは数億円以上で取引される。古文書学のスキルを駆使して落下地点を絞り込んだ以上、ここに書かず、こっそり自分一人で隕石を探し歩くべきであったのではないかと。

家康の孫と隕石

古文書で隕石を探す話を続けたい。隕石落下の記録があり、さらに人間に発見されたという記述まであるのに、あるはずの隕石が今では行方不明になっているものが、いくつかある。都心のど真ん中に落ちた隕石などは、もう残っていないかもしれないが、山中に落ちて人に拾われた隕石はその近くの神社のご神体になって保存されているかもしれない。

たとえば名古屋市南区には星崎というところがあって江戸時代のはじめに落ちてきた隕石がある。この地は不思議なところで昔から何度も隕石が落下したという伝説があり「星宮」という神社まであった。あるいは日本一、隕石が落下してきた町なのかもしれない。

寛永九（一六三二）年にもこの地に隕石が落下。塩田で人々が塩焼きをしている最中であった。村人の一人が驚いて鉈を投げつけてみたが焦げた石であった。その地の庄屋・村瀬六兵衛が家に持って帰り、のちに地元の喚続《よびつぎ》神社の社宝になって今日に伝えられている。それを昭和五十一（一九七六）年になって専門家が鑑定してみるとまぎれもなく隕石であった。落下地の町名をとって「南野隕石」と命名されている。重さは約一キロだ。

私の住んでいる浜松にも同じような話がある。終戦直後、古文書の記録から隕石が見つかった。

まず日本天文研究会の会長・神田茂さんが李家正文『降る話』という本を読んだ。そこには江戸時代に書かれた随筆『塩尻』に近江国笹ケ瀬増福寺僧坊前に隕石落下と書いてあった。そこで近江国＝滋賀県を探してみたが滋賀にそんな寺はなかった。ところが昭和二十四年秋になって科学史の研究者が神田さんに「李家さんの本に近江国とあるのは誤字です。『塩尻』巻三七には『遠江国笹ケ瀬増福寺』とある」と教えた。

神田さんは喜んで静岡県島田市のアマチュア天文家清水信一・柴田宸一さんの二人に探してもらうと「篠ケ瀬増福寺」という寺がちゃんとあって隕石も寺宝として保存されていることがわかった。これも鑑定してみると、まさしく本物で「笹ヶ瀬隕石」と命名された。この隕石は浜松科学館に展示してあるから行けば現物をみることができる。

古文書によれば隕石は増福寺の前の畑に落ちて「その所の地形が二尺ばかり窪んだ」「土中三尺余りも埋まって玉が見いだされた」とある。深さ六〇～九〇センチのミニ・

クレーターが出来たらしい。

これからでも隕石がみつかりそうな古文書の記録を紹介しておこう。松平忠明『当代記』というのがある。徳川家康の孫（長女の子）が書いたもので、慶長十五（一六一〇）年四月九日条にこんなことを記している。「三河国の山中、日近という所へ石が降った。大きさ四、五寸ばかりなる石が五つ。そのときは、天が震動して雷のようであった。昔、寛喜二（一二三〇）年に奥州芝田郡二十四里中に、柑子ほどの石が降った。十月十六日のことである。雨のごとく降ったという」。これは間違いなく隕石落下の記録だ。松平忠明は当時、三河の作手藩主。領地からひと山越えた「日近」という所に落ちた隕石の話をきいたのだ。忠明は教養があり『鎌倉年代記』を読んで宮城県柴田郡に降った隕石雨のことも知っていた。大きさ四、五寸（一二～一五センチ）の隕石が五つ拾われたことがわかるが、これが今日発見されたとの話は聞かない。「日近という所」は現在の愛知県岡崎市桜形町付近であろう。そのあたりの神社やお寺に表面が黒く焼け焦げた奇妙な石が保管されていないだろうか。

活断層の真上に

「いくつかの原発が活断層の真上に建てられており、敦賀原発2号機などは再稼働どころか廃炉になる可能性が高い」ときいた。日本史上、国家が活断層の上に「国策重要構造物」を作ってしまい、あとで一大事になったのは今に始まったことではない。たぶん継体天皇（即位西暦五〇七）のときが最初だ。

継体天皇は「応神天皇五世の孫」という遠い血縁で皇位を継いだ。先代の武烈天皇が「男女無くして継嗣絶」え、越前国から迎えられたのだが、奈良盆地に入り政権を樹立できたのは即位後二十年たってからのこと。それで陵墓も奈良盆地ではなく摂津国（大阪府）の淀川べりの沖積平野に作らざるを得なかった。

これがまずかった。このあたりは有馬―高槻断層帯といって活断層だらけである。継体天皇は、あろうことか安威《あい》断層という活断層の真上に自分の陵墓を作ってしまった。

しばらくはよかった。ところが千年以上たった一五九六年九月五日午前零時に慶長伏見地震がおきた。活断層は三メートル近く動き、継体陵は直撃されて山体崩壊をおこした。もともと織田信長等が陵の頂上を削ってお城にしてしまっていたうえに、この地震である。見るも無残な姿になってしまった。このあたりは寒川旭『歴史から探る21世紀の巨大地震』に詳しい。

それからちょうど百年たった元禄時代。松下見林《けんりん》（一六三七〜一七〇三）という民間の天才古代史家が天皇陵の比定作業をはじめた。『古事記』『日本書紀』にある天皇陵が今どこにあるのか探し出し『前王廟陵記』という書物にまとめて出版したのである。松下の学問水準は当時としては超絶していた。中国朝鮮あらゆる東アジアの記録をみな調べ、そのなかにある日本関係の記述をひろって、国際的視野で日本史を描き出し『異称日本伝』という奇跡の書を著したほどである。今では忘れ去られた存在だが邪馬台国論争は彼に始まる。新井白石や本居宣長の仕事も彼の学問によるところが大きかった。

この松下は継体陵もさがした。継体天皇の墓は平安時代の『延喜式』に「摂津国嶋上《しまがみ》郡にあり」、『扶桑略記《ふそうりゃくき》』に「摂津嶋上郡三島藍野陵《みしまのあいのみささぎ》。高さ三丈（九メートル）・方三町（三二七メートル）」と書かれている。嶋上郡（現在の大阪府高槻市）に高さ一二メートル、全長三五〇メートルの「今城塚《いましろづか》」という、ほぼぴったりの古墳がある。これが継体陵なのだが活断層で破壊されていた。ご遺体を納めた石室は土砂崩れで流れ去り石材も持ち去られていた。

ここで松下はわざと天皇陵を間違えて比定したらしい。私はわざとだと思っている。継体陵は嶋上郡にある高さ九メートル前後、全長三二七メートル前後の古墳。これだけの情報があれば松下なら「今城塚だ」と気づくはずだ。ところが松下は「継体陵は今は嶋上郡と嶋下《しましも》郡の境目の太田村にあり」とし、今城塚の西の嶋下郡にある太田茶臼山という高さ二〇メートル、全長二二六メートルの古墳を継体陵にした。本居宣長もこれに騙された。太田茶臼山を継体陵と思い込み『古事記伝』に「嶋上は嶋下の写し誤りか」と書いている。

しかし太田茶臼山は墳丘も高すぎる。現代考古学からみても継体天皇とは時代があわない。おそらく地震で崩れた今城塚が無残だったので松下は天皇陵比定を避けたのだろう。この松下の説をうけ現在でも宮内庁は太田茶臼山を継体陵とする立場を崩していない。それで今城塚は、唯一、考古学者が自由に発掘できる巨大天皇陵となっていて、さんざん調査されている。げに恐ろしきは活断層である。

豊臣秀吉の処世の極意

分別なき人に恐れよ。心に垣をせよ。わが口に恐れよ。わが行く末を思へ。主人は無道ものと思へ。辛労は楽の基と思へ

豊臣秀吉（貝原益軒『朝野雑載』より）

豊臣秀吉といえば、位人臣《くらいじんしん》を極めた人物である。その男がしゃべった処世の極意を聞いておけば、多少なりとも、世渡りというものがわかって、出世に役立つのではないか。世知辛い世間のなかで、うまくやっていけるのではないか。そう思う者が多かったせいで、明治期の書物には、秀吉が語ったとされる処世訓がたくさん載っている。しかし、

その多くは、秀吉がいったかどうかわからない怪しいものである。ただひとつ、貝原益軒が記すところの五ヶ条だけは、秀吉が真実そう語ったものと信じたい。

貝原益軒は福岡藩黒田家の儒医であった。黒田家は秀吉の腹心黒田如水を藩祖とする。家中に秀吉の伝承や記録が多くのこっており、益軒はそのなかから、この五ヶ条を拾い上げたらしい。益軒は江戸時代における処世訓研究の第一人者であり、この処世訓というものを津々浦々にまでひろめ、日本人の処世訓好きを定着させたのは、彼の功績によるところが大きい。益軒は、益軒十訓とよばれる十種の教訓書を書き、なかでも養生訓は空前の人気を博した。処世訓を買って読む、という、のちに、この国の道徳性をささえた庶民のいとなみは益軒の教導をもってはじまった。

秀吉は、剛毅闊達な男のように思われているが、そうではない。上っ面の明るさとは裏腹に、その心裡はまことに暗い。生涯、深く沈んだ思慮をもって生きた。秀吉には口癖があった。「人は三つるを用ゆべし」というのである。三つるとは「怖づる。恥づる。感ずる」の三つであり、人間はこれを活用して生きていくべきだというのが、秀吉の人生観であった。おそらく、当時としては、奇異な思想であったにちがいない。「怖づる、恥づる」といった臆病さや劣等感は、戦国武士が、もっとも、人前にさらけだせないものであった。ところが、秀吉は、この人間が生れつきもつ弱さを、生きぬく力に転化せよ、と説く。怖づる、恥づるは、世渡りのうえで、足を踏み外さぬための二本の触覚となる。また秀吉は「分別なき人に恐れよ。わが口に恐れよ」という。そして「主人は無道ものと思へ」といい放つ。信長に仕えて地獄の思いをし、秀吉はこの言葉を吐いた。秀吉は人情の機微を察する天才であり「其人の器を量る事、胸中を見るが如し」といわれるが、その彼にしても口がもたらす災いを避けられなかった。それゆえ他人を怖がるより、自分の口を恐れよと戒めた。「人の交はりは久しく交はる程、猶《なほ》言行を慎むべし。初めのほどは誰も慎めど、久しく成れば、自然と互ひに、吾儘《わがまま》になるより、終《つひ》に不和になるものなり」と語っている（『明良洪範』）。

戦国末期から近世のはじめは「組織人」という生き方が、この国の男たちに強要されはじめた時期であった。従来とは、比較にならない数の男たちが、都市にあつめられ、それまでの独立領主の気ままさを否定され、家中の士＝組織人としての生き方を強いられた。秀吉にいわせれば、それは「心に垣を」し「辛労は楽の元」と思わねば、耐えられぬ苦しい道であった。そこでは、本当の幸せとは何か、ということが問われる。「秀吉公、途中にて、農人の鍬《くわ》を枕にして、田の畔《あぜ》に寝入たるを見て、彼がたのしみ、我、天下の主たるよりもまされり、とて、うらやみ給ふ」という、秀吉の逸話を益軒は小さく書きとめている。処世の術のかぎりを尽し、たとえ天下の頂点に立っても、本当の幸せがつかめぬ人間世界の不条理に、晩年の秀吉は気づかされていた。

人生において大切なこと

岡谷繁実『名将言行録』

子供のころ、学校に居るのが、どうも面白くなかった。ただ、学校というものは上手くできていて、子供が逃げぬように、あらかじめ高い塀でまわりを囲んで、そのなかに教室をこしらえてあるから、逃げるわけにもいかない。一度、本当に逃げてみたが、たちまち捕まって、鉛筆なめなめ、反省文というものを書かされた。私は学校でやる軍隊のような「行進の練習」が大の苦手であった。そもそも人間の体は時計と違って、同時一斉に動くようには出来ていない。行進はつまらないから、そのうちよそ見をはじめた。むこうに半田山という山がみえる。私はその時分から歴史少年で、半田山の山裾を羽柴秀吉の軍勢が行軍していったのを知っていたから、（秀吉軍は明智光秀をやっつけに取って返した時も、あの山裾をゾロゾロ黒蟻が這《は》うように進んでいったのだ）、というような空想をして、山のほうをみていた。先生は私を懲《こ》らしめようと、どこからか長い竹竿をもってきて、行進の列のなかにいる私の頭をピンポイントで叩きだした。

そんなことで遠くに行きたくなったのだろうと思う。私は黄色い自転車に乗って岡山の町を出て、秀吉の通った道を西へ西へとたどることにした。秀吉と毛利軍が対峙《たいじ》した戦跡をみたいと思ったのである。家では、突然、私が居なくなったので、警察に捜索願を出す話になっていたらしい。ただ、本人はそうとも知らず愉《たの》しいばかりである。沼田のなかを悠々と走り、秀吉が水攻めにした備中高松城の古跡までくると、自転車を青草のうえに投げ出して寝そべった。東に秀吉の布陣した山、西に小早川隆景《たかかげ》ら毛利のいた山がみえる。あの山の上にいて、秀吉は信長の死を知ったのだ。そう考えるだけで嬉しくなった。ときに秀吉は号泣したらしい。ところが、「軍師」黒田官兵衛がするすると進み寄り、秀吉の膝をポンとうち、「殿、ご運のひらける始まりですぞ」といってニヤリと笑う。寝転がったまま、そんな場面を想像しては悦にいった。この話が『名将言行録』という本に書いてあるということは、もうすこし大きくなってから知った。最初に読んだのは、中学に入ってからだと思うが、この本は司馬遼太郎氏をはじめ、あらゆる歴史作家の種本になっているから、小学生でもその内容は読みかじって知っていた。この『名将言行録《めいしょうげんこうろく》』は古今稀にみる名著といっていい。著者は岡谷繁実《おかやしげざね》。幕末から明治の人である。引用書目が多すぎて記事に出典がないのが、玉に瑕《きず》だけれども、古典に通暁した明治人が死に絶えた今日、こんな書物はもう作れない。戦国から江戸初期の「名将」たちの言行を膨大にあつめており、ページをめくれば、たちまち林のごとく古人の名言が立ちあがる。

妙な話であるが、当時、私の通った学校には生活検査というのがあって、鼻紙を持ってきているかどうかを調べられた。鼻紙を忘れる私のような者は行儀が悪い、いけない子であった。ところが、『名将言行録』には、武田信玄の部将・高坂弾正《こうさかだんじょう》と曾根《そね》内匠《たくみ》の問答として、こんなことが書いてあって、私は大いに勇気付けられたのを憶えている。曾根が高坂に問うていった。良い大将にお行儀の悪い者がいて、愚かな大将にお行儀の良い者がいるということが世間にある。これはなぜか。高坂はこう答えたという。良将というのは、扇・鼻紙のような、どうでもよいことは忘れる。しかし、刀脇差のような本当に大切なことは忘れない。たとえば、織田信長は「行儀荒しと雖《いえど》も、人の目利き上手」であって、「信長、扇・鼻紙をば忘れて刀脇差を忘れぬ心あり」、だから強い。一方、山口の大内義隆は「行儀善けれど、人の目利き下手」であり、取り立てた侍は十人中九人までが役に立たず、家老の陶晴賢《すえはるかた》に国を掠《かす》め取られて殺された。義隆はお行儀は良かったが、扇・鼻紙のような、どうでもいいことにこだわって、本当に大切なことが何かわかっていなかったのだ。学校の図書室でこれを読みながら、私は（鼻紙は忘れてもいいが、人の観察は忘れず、絶対に、人間の目利きになろう）などと、大げさなことを考えはじめた。『名将言行録』にはこういう話が山ほどのっていて、私は人生に大切なことは、この本から教わったように思う。

思えば、竹竿で頭をぶたれてから、はや三十八年がたつ。気がつくと、あれほど学校が嫌いであったのに、私は大学院の教師になっている。囚人が監獄の看守になったようなもので、どうも、いけないところで働いている気がして仕方がない。その罪ほろぼしという訳ではないが、来年は『名将言行録』を読みながら、私の考える「人生において本当に大切なこと」を学生にひたすら語る授業をしてみようかと思っている。私の話すことがつまらなくて、学生が教室から逃げ出したら、そのときは、そのまま逃がしてやろうと思う。

荘内本間宗久翁遺書

江戸人は驚くべき「相場の叡智」をもっていた。『荘内本間宗久翁《そうきゆう》遺書』（早坂豊蔵編一八九八年）は、別名を「宗久翁秘録」といい、私が、死ぬまでに読んでおいてよかった、と、心底、思った一冊である。神とよばれた米相場師・本間宗久が死ぬ前に、その生涯に会得した相場極意を書き遺したものだ。上巻七四ヶ条、下巻八七ヶ条、計一六一ヶ条。寛政八年成立。相場の運動法則を、これほど的確にとらえた書物を、私は知らない。相場は人間心理で動く。ゆえに、相場には、古今東西を問わぬ運動法則があり、それへの対処法も歴史の智恵として蓄積されている。私は相場とあまり関係のない世界で暮らしてきたが、この本を読んでいたおかげで、この二十年の経済変動に振り回されずにすんだ。実生活に役立った唯一の「古文書」である。

いま金融危機がさけばれ、株式相場が暴落、乱高下しているが、江戸時代にも、このような事態はあった。こんな時、どうすればよいのか。本間はちゃんと対処法を書いている。「急に下げ急に上る相場の事」。「急に下げ、急に上る相場は、天井底の日限定まらず、見計らひ取仕廻ふべし」。乱高下相場は天井・底をつけるまでの時間が読めない。撤退すべし。そもそも、本間は「相場には手を出さないほうがよい」と、人に説いている。本間のような天才でも「相場で儲けられる機会＝商場は一年に二三度しかない」らしい。株や投信の勧誘は一年中行われているが、買い時は滅多にない。この一文は勧められるまま買ってはいけない、との教訓になる。

この本、今は、国会図書館のサイト「近代デジタルライブラリー」でネット公開されている。『宗久翁相場全集』で検索すれば、どこからでも読めるはずだ。

第4章　歴史を読む

武士道の奥義を極める10冊

今日、武士道の書物は多い。「武士道」を世界的に紹介したのは新渡戸稲造『**武士道**』（岩波文庫）である。新渡戸の『武士道』は一世を風靡したため、今日では「武士道という言葉は明治からで、新渡戸が言い出したものである」という誤解がある。しかし、武士道という言葉は江戸時代からちゃんとあり、想像以上に、よく使われていた。

新渡戸は、西洋の貴族・騎士のもつ「高貴なる者の義務」やフェア・プレーの精神は日本にもあり、それは武士道のなかで育まれてきた、と力説するが、新渡戸の『武士道』は「建前としての武士の倫理」を説いたもので、実際の武士の行動は、また別に検証される必要がある。佐伯真一『**戦場の精神史　武士道という幻影**』（ＮＨＫブックス）は、この視点から書かれた好著であり、現実の武士はいかに「だまし討ち」と「掟破り」をやってきたかを実証している。歴史上の「武士道」の言葉のつかわれ方も丁寧に解説している。

ただ、『西郷南洲遺訓』（岩波文庫）のなかで西郷隆盛が語るように、武士は勝たねばならず、戦場での「作略」は是非なくてはならぬものであった。しかし、「作略は平生致さぬものぞ」と普段は絶対にやってはいけない。それどころか「平生道を踏み居る者」でなければ「事に臨みて策は出来ぬものなり」と、平生、高い倫理のもとで暮らす人でなければ、戦いの策略はできないというのが西郷の考えで、この意味で、武士のだまし討ちと、武士道の倫理観は矛盾しないことになっていた。

西郷と親しかった山岡鉄舟も武士道の口述筆記を残しているが、今日、新渡戸の『武士道』は読まれても、幕末武士の純粋型であった山岡の語る『武士道』（角川選書）はあまり読まれない。この書物は武士道とは、父母の恩、衆生の恩、国王の恩、三宝（仏法僧）の恩を自覚し、私欲を去って、この四つの恩に報いて、ひたすら誠実に生きることであると説く。

この山岡の『武士道』には、勝海舟が武士道について語った長大な評論をよせており、勝の武士道論も読むことができる。ここで勝は「おんな武士道」を語り、日本国の真面《しんめん》目《もく》をでかしたのは、女性が真に武士道を履行したからであるとする。かつて坂本龍馬が勝の宅を訪れ「勝安房守《あわのかみ》は在宅か」と問うたとき、応対にでた勝の妹が、龍馬に「無礼者！」といい、刀に手をかけんとする龍馬とにらみ合い、ついに龍馬を謝らせた話ものっている。

このような何者をも恐れぬ「自己の強さの確立」というものは、武士道の焦点の一つであるが、それを知るには、やはり山本常朝《つねとも》『葉隠《はがくれ》』（岩波文庫・角川文庫・徳間書店）と、それを三島由紀夫が解説した『**葉隠入門**』（新潮文庫）の二冊をみる必要がある。葉隠ほど、世間で誤解されつづけた書物もない。「武士道といふは死ぬ事と見付けたり」という書中の一節が一人歩きしてきたことは、すでによく知られている。三島由紀夫は『葉隠入門』で、この葉隠の本質によく迫る解説をしている。三島は「葉隠は自由と情熱を説いた書である」という。毎朝起きるたびに自分は死んだことにして、その覚悟で一日一日を生きれば、こわいものはない。あとは自由の境地である。好きなことをして暮らすがよし。葉隠は、そういう強烈な自我と自由と情熱をたしかに説いている。そこには主君や組織に絶対服従しているような武士の姿はない。

笠谷和比古『**武士道と日本型能力主義**』（新潮選書）も江戸時代の武士は主君から「個として自立」したものであり、藩組織はトップダウンではなく、現場の自立的判断でもって動く「ボトムアップ型」であり、これが企業など今日の日本型組織の原点になったと指摘をしている。このほか山本博文『**武士と世間**』（中公新書）、菅野覚明『**よみがえる武士道**』（ＰＨＰ研究所）などが近世武家の行動原理を解説しており、『**文藝別冊・武士道入門**』（河出書房新社）が武士道全体の論点を俯瞰するのに便利である。

最後にひとつ、実に珍しい一書を紹介しておく。乃木大将夫人・静子が嫁ぐ姪にあたえたとされる「母の訓《おしえ》」である。ただ、乃木夫人が書いたものではない。江戸時代の武家女性が閨《ねや》で夫にどのように抱かれるべきかを懇切に記した心得書きで「武家女性の寝室の武士道論」というべきものである。昭和三十七年四月の『文藝春秋』と昭和三十八年の『現代のエスプリ・夫婦』で二度紹介されたことがあるが今日では入手困難で読むのは難しい。その内容は驚くべきもので「殿御は何誰様《どなたさま》にても寵愛の増すに従ひて……陰所に手を入れて抉《さぐ》りなどし給ふことあり。斯様《かよう》の時、心掛《こころがけ》なき女性は興に乗じあられもなき大口を開き、或は自ら心を萌して息あらく鳴らし、恥もなき挙動」をするのは好ましくない。さらに、「殿御用事にかかり給《たま》ひなば、殿御の胸に顔を確かと差当て余り動かし給ふべからず。また如何に心地好く耐りかね候とも、たわいなき事を云ひ、又は自分より口を吸ひ或は取りはづしたる声など出し給ふべからず」というように、その内容は恐しく実践的である。

生活に根ざしたこの国の武士道書は、かくまでに現実的で多様な方面にわたっていた。

武士道の奥義を極める10冊

①	**武士道** 新渡戸稲造	（岩波文庫）
②	**戦場の精神史　武士道という幻影** 佐伯真一	（ＮＨＫブックス）
③	**西郷南洲遺訓** 西郷南洲	（岩波文庫）
④	**武士道** 山岡鉄舟	（角川選書）
⑤	**葉隠** 山本常朝	（岩波文庫・角川文庫・徳間書店）
⑥	**葉隠入門** 三島由紀夫	（新潮文庫）
⑦	**武士道と日本型能力主義** 笠谷和比古	（新潮選書）
⑧	**武士と世間** 山本博文	（中公新書）
⑨	**よみがえる武士道** 菅野覚明	（ＰＨＰ研究所）
⑩	**文藝別冊・武士道入門**	（河出書房新社）

語り下ろし日本史「必読の百冊」

日本人はどこから来たのか。

「日本的」といわれる社会の仕組みや文化はいつ出来たのか。

なぜ天皇制はずっと続いているのか。

今日は、日本が抱えるこれらの根源的テーマを、歴史の大きな流れの中で、考えてみたい。


もちろん私ひとりでは、こんな大きなテーマは手に余る。そこで「日本と日本人を知る百冊」として、歴史研究書、当事者たちの書簡集・証言集、それに歴史小説を合わせて全百冊を選んだ。ここに挙げた本を読んでいただくと、日本の歴史上、日本人像が全く変わってしまうような「大転換」が何度もあったことに気が付かれるはずである。

日本人はどこから来たか

日本と日本人を考える出発点として、避けて通れないのが「日本人はどこから来たか」という日本人の起源論である。

かつて、「現在の日本人のルーツは縄文か弥生か」という論争がある。大陸から稲作などを持ちこんだ渡来人が起源なのか。それよりはるか以前の約一万六千年前から狩猟採集などを営んでいた縄文人こそが我らの〝ご先祖〟なのか。

ただし、「縄文」と一口に言っても、時間的には一万数千年、地理的にもほぼ日本全土にわたるきわめて幅の広いものである。北海道にいた縄文人と鹿児島にいた縄文人は、同じ「縄文人」なのかという疑問も出ている。

この日本人の起源をめぐる論争に、最近、DNA分析という非常に強力な道具が登場した。理化学的な分析の発達で「DNAの何パーセントが大陸由来で、列島由来は何パーセント」といった精緻な議論がなされつつある。

『DNA人類進化学』は、東アジア中で現代人の胎盤を集め、母系に伝わるミトコンドリアDNAを分析した結果、「日本人はルーツを特定しにくい混血民族である」と結論づけた衝撃の一冊で、本書では、DNA的には、日本人全体に共通する要素はほとんど無く、逆に、その多様性こそが日本人らしさだとされている。まだ研究は初期段階で批判もあるが、日本人起源論に一石を投じた一冊として『DNAから見た日本人』をあわせて紹介しておく。

一方、作物のDNAから、縄文・弥生世界の農耕を説き明かしたのが『稲の日本史』である。『縄文論争』は考古学の最新の成果をもとに、一般の人にわかりやすく日本人のはじまりを解説した好著といってよい。「縄文がわかる一冊を」と頼まれたら、私は迷わずこれを挙げる。

科学的手法の導入によって、大きく様相を変えているのは、縄文研究に限りません。まだ格好の一般書が出ていないので、『弥生時代はどう変わるか』という入手困難な専門書を挙げたが、これは、小中高で歴史を教える先生にはぜひ読んでほしい。放射性炭素の測定という手法により、弥生時代の始まりが従来より五百年も早いことが判明した。まさに日本史を一変させる知見である。

弥生時代のはじまりが二千五百年前でなく、三千年前、となると、弥生文化のとらえ方が全然違ってくる。たとえば日本と中国大陸の関係。孔子様の時代の戦乱をのがれた人々によって日本に弥生文化が開かれたのではなく、殷が酒池肉林で滅び周が興る時期に弥生時代がはじまったことになるからである。

現在、最新科学によって、この国のあけぼのが東アジア全体とリンクされた形で、新しい姿を見せつつある。歴史と日本人に興味を持つ人間にとっては、実に胸躍る事態が進行中であるといってよい。

邪馬台国と天皇家の関係とは

さて、古墳時代の中期、五世紀に、日本は再び「大転換」を迎えた。渡来人の大量流入である。

有名な「騎馬民族論争」とは、実はこの渡来人とは何者だったのかをめぐる論争であった。

現在の考古学研究では、三世紀から五世紀頃までに、渡来人系の人々が大陸の軍事技術を背景に、後の天皇につながる王権をつくったとされる。ならば、その渡来人は何者だったのかと考えたときに、騎馬民族だと主張したのが『騎馬民族国家』の江上波夫、それに対し、『騎馬民族は来なかった』と反論したのが佐原真であった。

江上説の根拠になっているのは、五世紀を境に古墳からの出土品がガラリと変わったという事実である。つまり、三世紀始めの卑弥呼の時代につくられた初期古墳からは、祭祀の道具ばかり出てくるのに、応神・仁徳天皇の時代、五世紀の巨大古墳からは、武具やとくに馬具など実用兵器が大量に出てくる。明らかに、シャーマンから軍人へ、という指導者像の変化が見えるというのである。

この論争が魅力的なのは、「そもそも天皇家につながる王権が、いつ、どのようにして出来上がったのか」という大テーマとつながってくるからである。天皇陵の副葬品が注目されるのもそのためといってよい。

もう一つ、古代史の古くからの論争といえば「邪馬台国」論争であるが、いまや邪馬台国の所在地論争よりも、「邪馬台国」が初期ヤマト王権「天皇家の誕生」と直結しているのか、別物なのかが気にかかる。

寺沢薫**『王権誕生』**は、このテーマに逃げずに取り組もうとした意欲作といってよい。寺沢は、卑弥呼や壱与の時代、三世紀初めの古墳を地図上にマーキングして、密集地域を探していく。すると、全長百メートル級の巨大古墳の集中地は、やはり奈良県桜井市の纏向《まきむく》周辺の一ヶ所だけ。寺沢自身は早急な結論は出していないが、邪馬台国の都が奈良の纏向にあったと示唆しているように思える。この纏向のそばに卑弥呼の墓ともいわれる箸墓古墳と、実在した最古の天皇ともいわれる崇神天皇陵がある。この、日本における古墳の誕生については松木武彦**『列島創世記』**が卓論を述べている。

「この国はいつから『日本』になったのか」。この問いに答えるには、「いつ対外的な国号が日本となったのか」「いつから年号制度を始めたのか」「いつから王が天皇と名乗ったか」という三つの「いつ」に答えを出さなければならない。

歴史学者の中では、おそらく西暦七〇〇年頃とされているが、その「日本」の誕生過程を中立的な立場で描いたのが吉田孝の**『日本の誕生』『歴史のなかの天皇』**である。これを読めば「日本」「天皇」の登場についてはおさえられる。

この時代について、頼りになる文字資料は非常に限られている。つまるところ、『古事記』、『日本書紀』しかないに等しい。記紀においては神話と歴史的記述が分かちがたく記されている。そのため歴史学の世界では「科学的ではない」とみなす風潮もあったが、神話のなかにも非常に豊かな歴史の真実が宿っている。

たとえば、いま各地に残る祭祀や風習には、『古事記』や『日本書紀』に書かれた神話の世界と通底するものが少なくない。そこから、実際に起きた事件を想像する。これは、幾度も大転換を経ながら、古い歴史の層が生き残っている日本ならではの楽しみであろう。とくに『古事記』には『口語訳古事記』という非常に良い訳が出ている。

なぜ天皇制はつぶれなかったか

日本の社会は権威と実権が分離している、としばしば言われる。社長よりも担当重役、いやもっと下の現場責任者が実際には決定権を握っている、ということは、いま我々の身辺でもよく観察できる。こうした「日本型権力の二重性」が起きたのはいつかといえば、院政の開始が一つの画期といってよい。院政の始まりは、大陸から輸入した律令型天皇制の崩壊という意味で、古代から中世へと移る大転換でもあった。

従来、武士が政権を握った鎌倉時代以降が中世とされてきた。しかし、中世の幕を開けたのは源頼朝ではなく、その前の院政期の影響が大きい。それほど院政は重大な変化であった。

最新の院政像を見事に書いているのが美川圭の『院政』である。院政は天皇の力を妨害するものではなく、むしろ院政のおかげで天皇制度は生き延びたといえる。つまり、院政によって、天皇は聖俗を司る存在から、「聖」たる祭祀のみを司る存在となった。そして、天皇を退いた院が、人事権と「俗」たる軍事指揮権や政治権力を握ったのである。日本の「権威と実権の二重性」はここに始まる。

なぜ、これが天皇という存在を延命させたのか。つまり、政治の実権が、その時々の実力者に移っていっても、天皇はその上に聖なる権威として不動の地位を保つことになった。

実際、武家は天皇から権力を奪うのではなく、「治天《ちてん》の君《きみ》」たる院から権力を奪うことで力を強めていった。鎌倉幕府が出来たときの交渉相手も、天皇ではなく、後白河院であった。そのことを考える必要がある。聖俗両方を司ったままだったら、おそらく天皇制度は現在まで続いていなかったであろう。この武士政権の確立過程を知るには、石井進『鎌倉幕府』と『中世武士団』がよい。〈祭り上げられた存在＝天皇〉と〈実行主体＝軍事政権〉という二重構造は、実は院政期にさかのぼる。

中世人のリーガル・マインド

中世、とくに鎌倉時代の日本人は、いまの日本人とは明らかに感覚が違う人々である。

端的な例としては、鎌倉時代の人々には、詳細な遺言状を必ず書く習慣があった。現在の日本人でも、これほどはやらないくらいの遺言状文化が存在した。中世日本人の法感覚は、笠松宏至『法と言葉の中世史』が詳しい。中世人は慣習法の世界に生きていた。しかし、何か揉め事が起きると、鎌倉や六波羅にある法廷に持ち込んで、理を尽くして決着をつけてもいる。つまり、中世日本人は独得のリーガル・マインドを持っていた。遺言や法廷決着など欧米と比較の意味で、中世人の法感覚は興味深い。

また、結婚の形態も違う。鎌倉女性の発言力は非常に強い。この中世的女性像を描いているのが永井路子の歴史小説『北条政子』。これを読むと、北条政子が当時において決して例外的な存在ではなかったことがわかる。

その一方で、中世の日本人はきわめて宗教的であった。この時代、人間の生きる目的はまだ世俗的ではない。お金や武力の獲得がすべてではなく、つねに無常観に取りつかれ、現世よりも死して後のことを考えて生きていた。辻邦生の『西行花伝』には、戦場で首切り族のように敵方の首をねじり切りながらも、「花の下にて春死なむ」と詠む、中世の武士の姿が見事に描き出されている。『無縁・公界・楽』などで人気の高い網野善彦の中世史で最も重要なのは、日本人の持つケガレ観に関する研究である。「聖なるものは清いが、賤なるものは穢れている」という、日本人が古くから持っている〈ハレ〉と〈ケ〉の感性に彼は注目した。平成の世になってこのケガレ感覚は急速に失われたと思っていたが、たとえば「赤福」偽装問題では「伊勢神宮の門前で」という声がちらほらあった。聖なる場所でツミ・ケガレた偽装とは、という感覚が、日本人にはまだ残っているのかもしれない。

鎌倉時代には、意外にも法や理屈を重んじた日本人。では、多少納得いかないことがあっても、和を重んじ、〝世間〟に従う日本人はいつ現れたのか。私は「一揆」と「惣」に注目したい。

一揆というと、むしろ旗立てて、鋤《すき》や鍬《くわ》で悪代官を焼き打ちする——というイメージかもしれないが、元来はちょっと違う。南北朝の動乱期になると、中央の法廷に確固とした権威がないので、人々は地元に自前の結合体をつくり裁判などを始めた。これが「一揆」や「惣」である。

近くのお宮に集まって、円座で話し合いをするような町内会的組織に近い。構成員は皆一票ずつ持っていて、多数決。ところがこの空間は、一見公平ですが、最後には皆が丸くおさまるように全員一致の結論を出すという仕掛けがあった。つまり、いくら自分に正義があると思っても、多数派になれなければ、うやむやにして諦めるしかない。「正義」より「世間」。これがお上＝鎌倉・京の権威が失われた南北朝期に、新たに生まれたトラブル処理の原理である。この南北朝の動乱期の社会変化を書いた本としては佐藤進一**『南北朝の動乱』**がよい。

天皇制の大きな危機

歴史上いまの日本人に近い人々が登場したのは、室町時代である。室町幕府の体制は中央に強いリーダーシップが無い。一揆など地域勢力の管轄を、地域ごとに置いた守護にまかせている。そして地元の一揆の利害調整機能のうえに、あやうく乗っかっている権力であった。

室町幕府の実像を明らかにしたのが、今谷明『武家と天皇』と『戦国期の室町幕府』である。面白いことに、「俗」権力を吸収して発足した室町幕府は、時代とともに「聖」的存在になっていった。日食や月食のときに、天皇が御殿ごと筵で覆い隠されるように、室町将軍も御殿を筵で覆われるようになったことが知られている。しかし、武士が邸を優雅に筵で覆っていては戦争にならない。室町幕府は次第に弱体化し、「俗」権力はさらに下の在地武士や、武装集団化していた一揆の手に渡っていく。

逆に言えば、この時期は天皇にとって大きな危機でもあった。もうひとつの「聖」となった室町将軍に立場を簒奪される恐れが出てきたからである。実際、足利義満は天皇の位の簒奪を狙っていたふしがある。

戦国時代になると、日本人はまた大きく変貌する。戦国武将から一般民衆にいたるまで、人々には自力にモノを言わせる時代特有の荒々しさがあった。『戦国の村を行く』

には、自警団と化した一揆や惣の姿が詳しく描かれている。彼らは村で盗人を見つけたら、ただちに撃ち殺してしまう。権威が財産権を保証しないから、一般民衆も自力で身を守る自力救済の世界にいたのである。

この時代には損得や理屈を超えたハチャメチャさが生まれた。そこには中世的な「聖」権威の否定があり、織田信長のような神仏さえも武力で従わせる思想が出てきた。

隆慶一郎の『一夢庵風流記』には、自力の時代の戦国武士像がよく出ている。隆が描いた前田慶次郎という人物には、「何事も面白いからやっているだけだ」という人生観がにじみ出ている。

残念なことに、信長の複雑な人間像を描ききった良い作品は思い浮かばない。生の信長を見た当事者に語らせることにする。ルイス・フロイス『日本史』です。フロイスによって描かれる信長は超合理主義者で、美しいかどうかに非常にこだわりを見せる。ただ、信長は神仏に代表される形而上学的なものを馬鹿にしていたわけではない。たとえば、ほぼ天下を手中におさめた信長は、自分と同じ生年月日で同じ時刻に生まれた人間を探し出させ、これまでの人生はどうであったかなどと自ら質問したというエピソードが残っている。これは信長が実証主義者であると同時に、生年月日によって本当に運命が決まるのではないか、と、心のどこかで信じていたことも表している。その振幅の大きさが、信長の魅力のひとつであろう。

己れの力しか信じるものがなく、天下人も一般民衆も時に自ら武器を取った戦国時代から、三百年の泰平を誇った江戸時代へ、日本人はまた急激に変わった。人々はいかにして武器を捨て、お上の裁きに従うようになったのだろうか。

第一には、江戸開府前夜に秀吉がおこなった刀狩があげられる。信長や秀吉は天下統一にあたり、一揆の武装解除をめざした。泥棒の処刑は領主に委ねる。一揆に武装解除させるかわりに、領主が治安を引き受ける。これが近世的な権力のあり方である。

しかし藤木久志『**刀狩り**』によると、いきなり完全な武装解除ができたわけではない。実際、江戸時代が始まってからも、最初の三十年ほどは民衆が武器を持っていて、寛永期の村では「盗人は見つけ次第、撃ち殺す」という、恐ろしい自力の世界があった。

つまり、寛永期までは、戦国時代を大いに引きずっていた。南條範夫の小説『**大名廃絶録**』には、残酷な殿様が多数登場するが、史実に近い。南條は意外にも歴史実証が手がたく、この作品は実は『中興武家盛衰記』という史料をもとにしている。また、菊池寛『**忠直卿行状記**』や芥川龍之介『或日の大石内蔵助』を読むと、登場人物の振る舞いや読んでいた本に、いかにもそれらしい雰囲気がある。彼らは実際に江戸に生きていた人々と接していたからであろう。

「仁政」の誕生

さて、我々がイメージするような〝江戸の平和〟が達成されるのは、五代将軍綱吉のあたりからである。

一般には綱吉は暴君とされ、その「生類憐みの令」は天下の悪法とされているが、これが実は「仁政」という新しい統治者のモラルを提示したものであった。「生類憐みの令」が示したのは、将軍や大名は犬ころ一匹でも生命を救うとの断固とした決意表明といってよい。結果、塚本学『**生類をめぐる政治**』にあるように、領主の「仁政」の目は社会の端々にまでおよぶ。近世半ばには浅間山が噴火したら、当然のように領主が救い米を持って行くようになる。福祉政策の向上である。教育や医療を無償で提供する大名まで現れた。

当時、日本にやって来た外国人が「どうして、これほど縦型の絶対権力システムが安定しているのか」と驚いているが、その秘密は、権力者が決して好き勝手に権力をふるわないことにあった。「よき政治＝仁政を行うべき」という意識に権力者自らが縛られていたのである。一方、民衆の側には「お上が公的サービスを提供するのは当然」という意識が強くなる。この頃から、雨が降っても、風が吹いてもお上の責任を問う日本人が生まれてくるのである。

この仁政を行う名君を描いた小説として、中村彰彦『**名君の碑**』（保科正之）、藤沢周平『**漆の実のみのる国**』（上杉鷹山）を挙げておく。

また、もう一つ、江戸期の安定の秘密として、お上が家の格を決めてしまったということがある。同じ村の中でも、袴を着られて刀を二本差せる家、脇差しか差せない家、五人組に時々人を出せる家、土地を持っていない家、等々細かく決めて、それによって住める家から結婚、使っていい道具までも決めた。「分を知る」という道徳があるが、「各々の分」を決めることで、鎖国（海禁体制）によって外界から遮断された島国内での、日本人同士の競争意識を鎮めた。『逝きし世の面影』には、この分を尽くすことで満ち足りている江戸人の姿が描かれている。

江戸時代の一般の武士の生活を知るには、『江戸お留守居役の日記』『元禄御畳奉行の日記』『武士の家計簿』。農民を知るには『歴史人口学の世界』『帳箱の中の江戸時代史』を薦めておく。

鎖国とはいいながら、江戸期の日本は、わりと活発に周辺国と交流していた。長崎を通じてオランダ・中国の商人、対馬を通じて朝鮮、薩摩を通じて琉球、松前氏を通じてアイヌ、と四つの入口を持っていた。そうした対外的な側面を知るために、井上靖の小説『おろしや国酔夢譚』を入れたが、しかし、それらの国との交流の中で、日本型の中華思想が出来上がってくるのも、この時代といってよい。

戦国日本は武力をアイデンティティにして、政権づくりをおこなってきた。つまり、勝ってナンボ、強さを示すことが権力の源であった。ですから、中国に対して弱腰になるのはもってのほかで、武威を誇り、朝鮮や琉球・アイヌには強く出た。大国中国とは正式な国交を結ばない。これが、江戸日本の対外姿勢であった。さらにはこの武威を核とした「日本型の華夷意識」、いわば中華思想が生まれた。これが近現代における中国や朝鮮半島との関係にも尾を引いている。

江戸の秩序はなぜ破られたか

徳川の決めた「家格」と「分」から、人々が一気に解き放たれるのが明治維新である。国のため、天皇のためという大義名分があれば、江戸期には秩序の破壊だった立身出世も肯定される。その自由の獲得が原動力であった。庶民の生まれでも「陸軍大将になりたいので必死に勉強します」と学校の作文に書くと、大マルがついてくる時代になった。それにしても、あれほど安定していた徳川幕府が、なぜ瓦解してしまったのか。それは「武」によって日本を治めていたはずの江戸幕府が、欧米の黒船を前にして、あまりにも無力であったからである。それが実感できる文学が、吉村昭『桜田門外ノ変』と、陸軍の建設者である大村益次郎を描いた司馬遼太郎『花神』であろう。

徳川幕府で最高の価値とされたのは、最も忠誠心が高く、最も勇猛な軍団「井伊の赤備え」であった。この軍団は、戦国期の武田の軍勢を井伊家が引き継いだもので、容易なことでは後ろに退かないばかりか、前に倒れて死ぬことを誇りにしてきた。それが大村率いる洋式軍のライフル銃によって機械的に破壊されてしまった。その瞬間、名門武士の精神よりも元村医者の合理性が勝る時代が来たと誰もが知ってしまう場面が、『花神』では鮮やかに描かれている。

その「赤備え」を擁した大老・井伊直弼が、水戸浪士たちに殺されるのが桜田門外の変です。結局、武力の象徴である井伊家を倒した長州、そして薩摩が、徳川幕府に代わって、新しい「武の権力」の座に就いたのが明治維新といえる。

この幕末の雰囲気を知るには、長州であれば伊藤博文の側近だった末松謙澄が編纂した**『防長回天史』**がある。これは岸信介や吉田茂が維新精神を内面化するために読んだ大部の史料で、非常に高価な本であるが、維新の根本を知りたい人には薦めたい。

坂本龍馬については『竜馬がゆく』も大傑作だが、龍馬の実像に直に接してもらいたいので、あえて**『龍馬の手紙』**をすすめる。これを読めば、龍馬自身が素晴らしい書き手だったことがわかるはずである。

『昔夢会筆記』は、明治に入ってから徳川慶喜本人がインタビューに答える形で維新を回顧したものである。立場を正当化するために出版したものだから、往々にして嘘もあろうが、やはり当事者でないとわからない証言が次々に出てきて面白い。とくに「孝明天皇はなぜ攘夷にこだわったのか」と聞かれたときの答えは出色である。これは原典を読んでのお楽しみとしたい。

新しい武の権力である明治政府のハイライトが、日露戦争だったといえる。「軍事大国ロシアに日本がなぜ勝利できたのか」という問いは、ある意味で明治の日本を総括するものでもある。**『坂の上の雲』**が必読の書とされてきた所以でもあるが、**『アメリカにおける秋山真之』『秋山真之戦術論集』**を合わせて読むことで、より立体的な理解ができる。

日本は技術力で勝負せよ

いま、日本は歴史上、何度目かのアイデンティティの危機に陥っている。第二次大戦に敗北して「武の国」というアイデンティティを失って以来、戦後の日本は「平和と富」を標榜して、ここまで歩んできた。しかし、バブル崩壊以降、ちょっとした株価の変動でもアイデンティティの不安に襲われる事態になってしまった。そういう状況に異を唱えたのが、藤原正彦『**国家の品格**』である。この書で「平和と富」の代わりに提示されたのは、武士道であり、文化・教養であった。

「平和と富」に代わるアイデンティティを、という藤原氏の提言には、傾聴に値するものがある。日本人として日本の文化、精神性への愛着も共感できる。ただ、日本の文化や教養が、海外にも強くアピールし、共有されるか、という点では、残念ながら悲観的にならざるを得ない。島国という地理的制約もあって、世界全体からみると、日本文化はどうしても孤立しがちである。

結局、日本が世界に誇ることができ、世界にも通用するのは「技術力」しかない。戦国時代に日本に来た宣教師は皆、日本人のすさまじい好奇心と技術に対する熱意に驚き、敬意を抱いている。ポルトガル人は火縄銃を持って世界中を回ったけれども、あっという間に同じものを作ってしまったのは日本人だけであった。

これからの日本人が知るべき先人の姿は、軍人ではありません。「モノにかぎらず、新しい物事を発案し、デザインする人々であろう」秋山真之ではなく、松下幸之助や本田宗一郎に学ぶことを期待して、最後に本田の自伝**『私の手が語る』**を挙げておきたい。

日本と日本人を知る100冊

古代篇

『日本人はどこからきたか―新・日本人起源論の試み』埴原和郎編　小学館
『ＤＮＡ人類進化学』宝来聰　岩波書店
『ＤＮＡから見た日本人』斎藤成也　ちくま新書
『縄文論争』藤尾慎一郎　講談社選書メチエ
『日本の伝統』岡本太郎　知恵の森文庫
『弥生時代はどう変わるか　炭素14年代と新しい古代像を求めて』広瀬和雄編　学生社
『稲の日本史』佐藤洋一郎　角川選書
『騎馬民族国家―日本古代史へのアプローチ』江上波夫　中公新書
『騎馬民族は来なかった』佐原真　ＮＨＫブックス
『古墳とヤマト政権―古代国家はいかに形成されたか』白石太一郎　文春新書
『王権誕生（日本の歴史02）』寺沢薫　講談社
『古代日本の「地域王国」と「ヤマト王国」上下』門脇禎二　学生社
『東アジアの動乱と倭国（戦争の日本史１）』森公章　吉川弘文館
『口語訳古事記』三浦佑之　文春文庫
『神話から歴史へ（日本の歴史１）』井上光貞　中公文庫
『日本の誕生』吉田孝　岩波新書
『歴史のなかの天皇』吉田孝　岩波新書
『列島創世記』松木武彦　小学館
『美貌の女帝』永井路子　文春文庫
『壬申の乱』直木孝次郎　塙選書
『木簡の社会史―天平人の日常生活』鬼頭清明　講談社学術文庫
『古代史の基礎知識』吉村武彦編　角川選書
『平安朝の母と子―貴族と庶民の家族生活史』服藤早苗　中公新書
『天平の時代（日本の歴史４）』栄原永遠男　集英社
『地獄変・偸盗』芥川龍之介　新潮文庫

中　世　篇

『院政―もうひとつの天皇制』美川圭　中公新書
『鎌倉幕府（日本の歴史７）』石井進　中公文庫
『〈日本の歴史12〉中世武士団』石井進　小学館
『日本の歴史をよみなおす（全）』網野善彦　ちくま学芸文庫
『東と西の語る日本の歴史』網野善彦　講談社学術文庫
『無縁・公界・楽―日本中世の自由と平和』網野善彦　平凡社ライブラリー
『姿としぐさの中世史―絵図と絵巻の風景から』黒田日出男　平凡社ライブラリー
『生活感覚と社会（日本の社会史８）』黒田日出男ほか　岩波書店
『法と言葉の中世史』笠松宏至　平凡社ライブラリー
『南北朝の動乱（日本の歴史９）』佐藤進一　中公文庫
『太平記（新編日本古典文学全集　54～57)』校注・訳　長谷川端　小学館
『一揆』勝俣鎮夫　岩波新書
『武家と天皇―王権をめぐる相剋』今谷明　岩波新書
『戦国期の室町幕府』今谷明　講談社学術文庫
『北条政子』永井路子　文春文庫
『西行花伝』辻邦生　新潮文庫
『完訳フロイス日本史（１）～（12)』ルイス・フロイス　中公文庫
『ヨーロッパ文化と日本文化』ルイス・フロイス　岩波文庫
『刀狩り―武器を封印した民衆』藤木久志　岩波新書
『戦国の村を行く』藤木久志　朝日選書
『天と地と　上中下』海音寺潮五郎　文春文庫
『一夢庵風流記』隆慶一郎　集英社文庫、新潮文庫

近世篇

『武士道と日本型能力主義』笠谷和比古　新潮選書
『生きることの近世史─人命環境の歴史から』塚本学　平凡社選書
『生類をめぐる政治─元禄のフォークロア』塚本学　平凡社ライブラリー
『日本近世の起源─戦国乱世から徳川の平和へ』渡辺京二　弓立社
『逝きし世の面影』渡辺京二　平凡社ライブラリー
『江戸お留守居役の日記─寛永期の萩藩邸』山本博文　講談社学術文庫
『元禄御畳奉行の日記─尾張藩士の見た浮世』神坂次郎　中公新書
『殿様の通信簿』磯田道史　新潮文庫
『武士の家計簿─「加賀藩御算用者」の幕末維新』磯田道史　新潮新書
『帳箱の中の江戸時代史　上下』田中圭一　刀水書房
『歴史人口学の世界』速水融　岩波セミナーブックス
『江戸時代とはなにか─日本史上の近世と近代』尾藤正英　岩波現代文庫
『かたき討ち─復讐の作法』氏家幹人　中公新書
『江戸の想像力』田中優子　ちくま学芸文庫
『江戸の刑罰』石井良助　中公新書
『武士道』新渡戸稲造　岩波文庫
『山岡鉄舟の武士道』勝部真長　角川ソフィア文庫
『新編・おらんだ正月』森銑三　岩波文庫
『鉄砲を捨てた日本人─日本史に学ぶ軍縮』ノエル・ペリン　中公文庫
『近世日本と東アジア』荒野泰典　東京大学出版会
『阿部一族』森鷗外　新潮文庫、岩波文庫など
『忠直卿行状記』菊池寛　岩波文庫、小学館文庫
『月宮の人　上下』杉本苑子　朝日文庫
『名君の碑─保科正之の生涯』中村彰彦　文春文庫
『大名廃絶録』南條範夫　文春文庫
『漆の実のみのる国　上下』藤沢周平　文春文庫
『悪党芭蕉』嵐山光三郎　新潮社
『おろしや国酔夢譚』井上靖　文春文庫
『桜田門外ノ変　上下』吉村昭　新潮文庫
『龍馬の手紙』宮地佐一郎　講談社学術文庫
『新選組始末記』子母沢寛　中公文庫
『新撰組顚末記』永倉新八　新人物往来社

近代篇

『明治維新』遠山茂樹　岩波現代文庫
『近世日本国民史』徳富蘇峰　講談社学術文庫
『防長回天史（1）～（13）』末松謙澄　マツノ書店
『昔夢会筆記―徳川慶喜公回想談』渋沢栄一編　東洋文庫
『新訂・福翁自伝』福沢諭吉　岩波文庫
『大隈伯昔日譚（1）・（2）』日本史籍協会編　東京大学出版会
『花神　上中下』司馬遼太郎　新潮文庫
『西郷隆盛（1）～（9）』海音寺潮五郎　角川文庫
『勝海舟（1）～（6）』子母沢寛　新潮文庫
『アメリカにおける秋山真之　上下』島田謹二　朝日選書
『秋山真之戦術論集』戸高一成編　中央公論新社
『坂の上の雲（1）～（8）』司馬遼太郎　文春文庫
『戦艦武蔵』吉村昭　新潮文庫
『私の手が語る』本田宗一郎　グラフ社

日本人論

『冠婚葬祭』宮田登　岩波新書
『忘れられた日本人』宮本常一　岩波文庫
『代表的日本人』内村鑑三　岩波文庫
『茶の本』岡倉天心　講談社学術文庫、角川ソフィア文庫、岩波文庫
『「世間」とは何か』阿部謹也　講談社現代新書
『「日本人論」再考』船曳建夫　ＮＨＫ出版
『手掘り日本史』司馬遼太郎　集英社文庫

初出一覧

第1章　中世の武士と近世の武士の違い

江戸から読み解く日本の構造　ABC　2006年1月号

江戸の税金　武士は税金を払っていたのか　マグナカルタvol.5　2013年冬号

大失業時代は幕末武士に学べ　文藝春秋　2003年8月号

サムライ時代のエコノミクス　文藝春秋「武士のエコノミクス　安倍首相は江戸の改革者に学べ」2013年11月号

日本型組織「濃尾システム」の謎　文藝春秋　2004年11月号

第2章　歴史を動かす英才教育

幸村の天才軍略遺伝子　武田＋上杉＋秀吉の智謀を引き継いだ男　文藝春秋SPECIAL　2016年春号

くノ一は江戸時代のハニートラッパーだった　マグナカルタvol.1　2012年冬号

明治維新を起こした奇才　頼山陽　ABC　2007年5月号

明治維新を支えた武士の人材育成術　文藝春秋　2014年3月号

私論 乃木希典　文藝春秋臨時増刊　2011年12月1日号

戦前エリートはなぜ劣化したのか　文藝春秋SPECIAL　2015年秋号

第3章　古文書を旅する

週刊文春「古文書ジャーナル」　2012年11月1日号〜2013年4月4日号

豊臣秀吉の処世の極意　諸君！2009年2月号

人生において大切なこと　岡谷繁実『名将言行録』　文藝春秋臨増　2005年11月15日号

荘内本間宗久翁遺書　文藝春秋　2008年12月号

第4章　歴史を読む

武士道の奥義を極める10冊　文藝春秋　2007年1月号

語り下ろし日本史「必読の百冊」　文藝春秋　2008年1月号

本書は文春文庫オリジナルです。

文春文庫

日《に》本《ほん》史《し》の探偵《たんてい》手《て》帳《ちょう》

定価はカバーに表示してあります

2019年1月10日　第1刷
2023年11月25日　第8刷

著　者　磯《いそ》田《だ》道《みち》史《ふみ》
発行者　大沼貴之
発行所　株式会社 文藝春秋

東京都千代田区紀尾井町 3-23　〒102-8008
TEL 03・3265・1211㈹
文藝春秋ホームページ　http://www.bunshun.co.jp

落丁、乱丁本は、お手数ですが小社製作部宛お送り下さい。送料小社負担でお取替致します。

印刷・TOPPAN　製本・加藤製本

Printed in Japan
ISBN978-4-16-791216-1

（　）内は解説者。品切の節はご容赦下さい。

青木直己
江戸　うまいもの歳時記
春は潮干狩りに浅蜊汁、夏は江戸前穴子に素麺、秋は梨柿葡萄と果物三昧、冬の葱鮪鍋・鯨汁は風物詩――江戸の豊かな食材八十五と驚きの食文化を紹介。時代劇を見るときのお供に最適。
あ-88-1

磯田道史
龍馬史
龍馬を斬ったのは誰か？　史料の読解と巧みな推理でついに謎が解かれた。新撰組、紀州藩、土佐藩、薩摩藩……。諸説を論破し、論争に終止符を打った画期的論考。（長宗我部友親）
い-87-1

磯田道史
江戸の備忘録
信長、秀吉、家康はいかにして乱世を終わらせ、江戸の泰平を築いたのか？　気鋭の歴史家が江戸時代の成り立ちを平易な語り口で解き明かす。日本史の勘どころがわかる歴史随筆集。
い-87-2

磯田道史
徳川がつくった先進国日本
この国の素地はなぜ江戸時代に出来上がったのか？　島原の乱、宝永地震、天明の大飢饉、露寇事件の4つの歴史的事件によって、徳川幕府が日本を先進国家へと導いていく過程を紐解く！
い-87-4

磯田道史
日本史の探偵手帳
歴史を動かす日本人、国を滅ぼす日本人とはどんな人間なのか？　戦国武将から戦前エリートまでの武士と官僚たちの軌跡を古文書から解き明かす。歴史に学ぶサバイバルガイド。
い-87-5

沖浦和光《かずてる》
幻の漂泊民・サンカ
近代文明社会に背をむけ〈管理〉〈所有〉〈定住〉とは無縁の「山の民・サンカ」はいかに発生し、日本史の地底に消えていったか。積年の虚構を解体し実像に迫る白熱の民俗誌！（佐藤健二）
お-34-1

大森洋平
考証要集
秘伝！　ＮＨＫ時代考証資料
ＮＨＫ番組の時代考証を手がける著者が、制作現場のエピソードをひきながら、史実の勘違い、思い込み、単なる誤解を一刀両断。あなたの歴史力がぐーんとアップします。
お-64-1

（　）内は解説者。品切の節はご容赦下さい。

春日太一
ドラマ「鬼平犯科帳」ができるまで
遂に幕を閉じた人気ドラマ「鬼平犯科帳」シリーズ。二十八年間にわたったその長い歴史を振り返り、プロデューサーなど制作スタッフの貴重な証言を多数収録した、ファン必読の書。

か-71-2

加藤陽子
とめられなかった戦争
なぜ戦争の拡大をとめることができなかったのか、なぜ一年早く戦争をやめることができなかったのか――繰り返された問いを、当代随一の歴史学者がわかりやすく読み解く。

か-74-1

小泉信三
海軍主計大尉小泉信吉
一九四二年南方洋上で戦死した長男を偲んで、戦時下とは思えぬ精神の自由さと強い愛国心とによって執筆された感動的な記録。ここに温かい家庭の父としての小泉信三の姿が見える。

こ-10-1

司馬遼太郎
歴史を紀行する
高知、会津若松、鹿児島、大阪など、日本史上に名を留める十二の土地を訪れ、風土と人物との関わり合い、歴史との交差部分をつぶさに見直す。司馬史観を駆使して語る歴史紀行の決定版。

し-1-134

司馬遼太郎
手掘り日本史
日本人が初めて持った歴史観、庶民の風土、史料の語りくち、「手ざわり」感覚で受け止める美人、幕末三百藩の自然人格。圧倒的国民作家が明かす、発想の原点を拡大文字で！　（江藤文夫）
し-1-136

司馬遼太郎
対談集
歴史を考える
日本人を貫く原理とは何か？　対談の名手が、歴史に造詣の深い萩原延壽、山崎正和、綱淵謙錠と自由自在に語り合う。歴史を俯瞰し、日本の〝現在〟を予言する対談集。　（関川夏央）
し-1-140

（　）内は解説者。品切の節はご容赦下さい。

出口治明
0《ゼロ》から学ぶ「日本史」講義 古代篇
ビッグバンから仏教伝来、藤原氏の興亡まで、新たな学説や歴史論争にも触れながら、世界史の達人である著者がやさしく語り下ろした、読んで楽しい「日本史」講義。シリーズ第一弾！
て-11-2

出口治明
0《ゼロ》から学ぶ「日本史」講義 中世篇
幕府と将軍が登場し、その幕府は鎌倉から室町へ。全体像がつかみにくい激動の「中世」をわかりやすく解きほぐす。「中世」がわかれば、歴史はもっと面白くなる！　（対談・呉座勇一）
て-11-3

西尾幹二
決定版 国民の歴史（上下）
歴史とはこれほどエキサイティングなものだったのか。従来の常識に率直な疑問をぶつけ、世界史的視野で日本の歴史を見直した国民的ベストセラー。書き下ろし論文を加えた決定版。
に-11-2

半藤一利 編著
日本史はこんなに面白い
聖徳太子から昭和天皇まで、その道の碩学16名がとっておきの話を披露。蝦夷は出雲出身？　ハル・ノートの解釈に誤解？　大胆仮説から面白エピソードまで縦横無尽に語り合う対談集。
は-8-18

菅原文太・半藤一利
仁義なき幕末維新 われら賊軍の子孫
薩長がナンボのもんじゃい！　菅原文太氏急逝でお蔵入りしていた幻の対談。西郷隆盛、赤報隊の相楽総三、幕末の人斬り、歴史のアウトローの哀しみを語り、明治維新の虚妄を暴く！
は-8-34

原　武史
松本清張の「遺言」『昭和史発掘』『神々の乱心』を読み解く
厖大な未発表資料と綿密な取材を基に、昭和初期の埋もれた事実に光を当てた代表作『昭和史発掘』と、宮中と新興宗教に斬り込む未完の遺作『神々の乱心』を読み解く。
は-53-1

（　）内は解説者。品切の節はご容赦下さい。

本郷和人
さかのぼり日本史
なぜ武士は生まれたのか

「武士」はいかにして「朝廷」と決別し、真の統治者となったのか。歴史を決定づけた四つのターニングポイントから、約六百五十年間続く武家政権の始まりをやさしく解説。

ほ-25-1

宮部みゆき・半藤一利
昭和史の10大事件

歴史探偵と作家の二人は、なんと下町の高校の同窓生（30年違い）。二・二六事件から東京裁判、金閣寺焼失、ゴジラ、宮崎勤事件、日本初のヌードショーまで硬軟とりまぜた傑作対談。

み-17-51

宮城谷昌光
中国古典の言行録

中国の歴史と文化に造詣の深い作家が、論語、詩経、孟子、老子、易経、韓非子などから人生の指針となる名言名句を選び抜き、平明な文章で詳細な解説をほどこした教養と実用の書。

み-19-7

三浦佑之　訳・注釈
口語訳　古事記
神代《かみよ》篇

記紀ブームの先駆けとなった三浦版古事記が文庫に登場。語り部による親しみやすい口語体の現代語訳で、おおらかな神々の物語をお楽しみ下さい。詳細な注釈、解説、神々の系図を併録。

み-32-1

三浦佑之　訳・注釈
口語訳　古事記
人代《ひとよ》篇

神代篇に続く三十三代にわたる歴代天皇の事績と皇子や臣下の物語。骨肉の争いや陰謀、英雄譚など「人の代の物語」を御堪能下さい。地名・氏族名解説や天皇の系図、地図、索引を併録。

み-32-2

三浦佑之
古事記神話入門

令和を迎えた日本人必読の「国のはじまり」の物語。ベストセラー『口語訳　古事記』の著者が、古事記のストーリーをあらすじと解説でわかりやすく紹介する。日本書紀との比較表掲載。

み-32-5

（　）内は解説者。品切の節はご容赦下さい。

安部龍太郎
等伯（上下）
武士に生まれながら、天下一の絵師をめざして京に上り、戦国の世でたび重なる悲劇に見舞われつつも、己の道を信じた長谷川等伯の一代記を描く傑作長編。直木賞受賞。（島内景二）
あ-32-4

安部龍太郎
宗麟の海
信長より早く海外貿易を行い、硝石、鉛を輸入、鉄砲をいち早く整備。宣教師たちの助力で知力と軍事力を駆使して瞬く間に九州を制覇した大友宗麟の姿を描く歴史叙事詩。（鹿毛敏夫）
あ-32-8

安部龍太郎
海の十字架
銀と鉄砲とキリスト教が彼らの運命を変えた。長尾景虎、大村純忠ら乱世を生き抜いた六人の戦国武将たち。大航海時代とリンクした、まったく新しい戦国史観で綴る短編集。（細谷正充）
あ-32-9

安能　務
始皇帝　中華帝国の開祖
始皇帝は〝暴君〟ではなく〝名君〟だった!?　世界で初めて政治力学を意識し中華帝国を創り上げた男。その人物像に迫りつつ、現代にも通じる政治学を解きあかす一冊。（冨谷　至）
あ-33-4

浅田次郎
壬生義士伝《みぶぎしでん》（上下）
「死にたぐねえから、人を斬るのす」――生活苦から南部藩を脱藩し、壬生《みぶ》浪と呼ばれた新選組で人の道を見失わず生きた吉村貫一郎の運命。第十三回柴田錬三郎賞受賞。（久世光彦）
あ-39-2

浅田次郎
一刀斎夢録（上下）
怒濤の幕末を生き延び、明治の世では警視庁の一員として西南戦争を戦った新選組三番隊長・斎藤一の眼を通して描き出される感動ドラマ。新選組三部作ついに完結！（山本兼一）
あ-39-12

浅田次郎
黒書院の六兵衛（上下）
江戸城明渡しが迫る中、てこでも動かぬ謎の武士ひとり。勝海舟や西郷隆盛も現れて、城中は右往左往。六兵衛とは一体何者か？　笑って泣いて感動の結末へ。奇想天外の傑作。（青山文平）
あ-39-16

（　）内は解説者。品切の節はご容赦下さい。

浅田次郎
大名倒産（上下）
天下泰平260年で積み上げた藩の借金25万両。先代は「倒産」で逃げ切りを狙うが、クソ真面目な若殿は——奇跡の「経営再建」は成るか？　笑いと涙の豪華エンタメ！（対談・磯田道史）
あ-39-20

あさのあつこ
燦《さん》　—1—　風の刃《やいば》
疾風のように現れ、藩主を襲った異能の刺客・燦。彼と剣を交えた家老の嫡男・伊月。別世界で生きていた二人には隠された宿命があった。少年の葛藤と成長を描く文庫オリジナルシリーズ。
あ-43-5

あさのあつこ
火群《ほむら》のごとく
兄を殺された林弥は剣の稽古の日々を送るが、家老の息子・透馬と出会い、政争と陰謀に巻き込まれる。小舞藩を舞台に少年の友情と成長を描く、著者の新たな代表作。（北上次郎）
あ-43-12

青山文平
白樫の樹の下で
田沼意次の時代から清廉な松平定信の息苦しい時代への過渡期。いまだ人を斬ったことのない貧乏御家人が名刀を手にしたとき、何かが起きる。第18回松本清張賞受賞作。（島内景二）
あ-64-1

青山文平
つまをめとらば
去った女、逝った妻……瞼に浮かぶ、獰猛なまでに美しい女たちの面影は男を惑わせる。江戸の町に乱れ咲く、男と女の性と業。女という圧倒的リアル！　直木賞受賞作。（瀧井朝世）
あ-64-3

朝井まかて
銀の猫
嫁ぎ先を離縁され「介抱人」として稼ぐお咲。年寄りたちに人生を教わる一方で、妾奉公を繰り返し身勝手に生きてきた、自分の母親を許せない。江戸の介護を描く傑作長編。（秋山香乃）
あ-81-1

朝松　健
血と炎の京《みやこ》
私本・応仁の乱
応仁の乱は地獄の戦さだった。花の都は縦横に走る塹壕で切り刻まれ、唐土の殺戮兵器が唸る。戦場を走る復讐鬼・道賢と、救いを希う日野富子を描く書下ろし歴史伝奇。田中芳樹氏推薦。
あ-85-1

（　）内は解説者。品切の節はご容赦下さい。

井上ひさし
手鎖心中
材木問屋の若旦那、栄次郎は、絵草紙の人気作者になりたいと願うあまり馬鹿馬鹿しい騒ぎを起こし……歌舞伎化もされた直木賞受賞作。表題作ほか「江戸の夕立ち」を収録。（中村勘三郎）
い-3-28

井上ひさし
東慶寺花だより
離縁を望み決死の覚悟で鎌倉の「駆け込み寺」へ――女たちの事情、強さと家族の絆を軽やかに描いて胸に迫る涙と笑いの時代連作集。著者が十年をかけて紡いだ遺作。（長部日出雄）
い-3-32

池波正太郎
火の国の城（上下）
関ヶ原の戦いに死んだと思われていた忍者、丹波大介は雌伏五年、傷ついた青春の血を再びたぎらせる。家康の魔手から加藤清正を守る大介と女忍び於蝶の大活躍。（佐藤隆介）
い-4-78

池波正太郎
秘密
家老の子息を斬殺し、討手から身を隠して生きる片桐宗春。だが人の情けに触れ、医師として暮すうち、その心はある境地に達する――。最晩年の著者が描く時代物長篇。（里中哲彦）
い-4-95

池波正太郎
その男（全三冊）
杉虎之助は大川に身投げをしたところを謎の剣士に助けられる。こうして〝その男〟の波瀾の人生が幕を開けた――。幕末から明治へ、維新史の断面を見事に剔る長編。（奥山景布子）
い-4-131

稲葉　稔
武士の流儀（一）
元は風烈廻りの与力の清兵衛は、倅に家督を譲っての若隠居生活。平穏が一番の毎日だが、若い侍が斬りつけられる現場に居合わせたことで、遺された友の手助けをすることになり……。
い-91-12

伊東　潤
王になろうとした男
信長の大いなる夢にインスパイアされた家臣たち。毛利新助、原田直政、荒木村重、津田信澄、黒人の彌介。いつ寝首をかくか、かかれるかの時代の峻烈な生と死を描く短編集。（高橋英樹）
い-100-1

（　）内は解説者。品切の節はご容赦下さい。

伊東　潤
潮待ちの宿

時は幕末から明治、備中の港町・笠岡の宿に九歳から奉公する志鶴。薄幸な少女は、苦労人の美しいおかみに見守られ逞しく成長する。歴史小説の名手、初の人情話連作集。（内田俊明）

い-100-6

宇江佐真理
幻の声
髪結い伊三次捕物余話

町方同心の下で働く伊三次は、事件を追って今日も東奔西走。江戸庶民のきめ細かな人間関係を描き、現代を感じさせる珠玉の五話。選考委員絶賛のオール讀物新人賞受賞作。（常盤新平）

う-11-1

宇江佐真理
余寒の雪

女剣士として身を立てることを夢見る知佐は、江戸で何かを見つけることができるのか。武士から町人まで人情を細やかに描く七篇。中山義秀文学賞受賞の傑作時代小説集。（中村彰彦）

う-11-4

上田秀人
奏者番陰記録
遠謀

奏者番に取り立てられた水野備後守はさらなる出世を目指し、松平伊豆守に服従する。そんな折、由井正雪の乱が起こり、備後守はその裏にある驚くべき陰謀に巻き込まれていく。

う-34-1

上田秀人
本意に非ず

明智光秀、松永久秀、伊達政宗、長谷川平蔵、勝海舟。歴史の流れの中で、理想や志と裏腹な決意をせねばならなかった男たちの無念と後悔を描く傑作歴史小説集。（坂井希久子）

う-34-2

冲方　丁
剣樹抄

父を殺され天涯孤独の了助は、若き水戸光國と出会う。異能の子どもたちを集めた幕府の隠密組織に加わり、江戸に火を放つ闇の組織を追う！　傑作時代エンターテインメント。（佐野元彦）

う-36-2

海老沢泰久
無用庵隠居修行

出世に汲々とする武士たちに嫌気が差した直参旗本・日向半兵衛は「無用庵」で隠居暮らしを始めるが、彼の腕を見込んで、難事件が次々と持ち込まれる。涙と笑いありの痛快時代小説。

え-4-15

（　）内は解説者。品切の節はご容赦下さい。

逢坂　剛・中　一弥　画
平蔵の首
深編笠を深くかぶり決して正体を見せぬ平蔵。その豪腕におののきながらも不逞に暗躍する盗賊たち。まったく新しくハードボイルドに蘇った長谷川平蔵もの六編。（対談・佐々木　譲）
お-13-16

逢坂　剛・中　一弥　画
平蔵狩り
父だという「本所のへいぞう」を探すために、京から下ってきた女絵師。この女は平蔵の娘なのか。ハードボイルドの調べで描く、新たなる鬼平の貌。吉川英治文学賞受賞。（対談・諸田玲子）
お-13-17

乙川優三郎
生きる
亡き藩主への忠誠を示す「追腹」を禁じられ、白眼視されながら生き続ける初老の武士。懊悩の果てに得る人間の強さを格調高く描いた感動の直木賞受賞作など、全三篇を収録。（縄田一男）
お-27-2

奥山景布子
葵の残葉
尾張徳川の分家筋・高須に生まれた四兄弟はやがて尾張、一橋、会津、桑名を継いで維新と佐幕で対立する。歴史と家族の情が絡み合うもうひとつの幕末維新の物語。（内藤麻里子）
お-63-2

奥山景布子
音わざ吹き寄せ
音四郎稽古屋手控
元吉原に住む役者上がりの音四郎と妹お久。町衆に長唄を教えているが、怪我がもとで舞台を去った兄の事情を妹はまだ知らない。その上兄には人に明かせない秘密が……。（吉崎典子）
お-63-3

大島真寿美
渦
妹背山婦女庭訓　魂結び
浄瑠璃作者・近松半二の生涯に、虚と実が混ざりあい物語が生まれる様を、圧倒的熱量と義太夫の如き心地よい大阪弁で描く。史上初の直木賞&高校生直木賞W受賞作！（豊竹呂太夫）
お-73-2

岡本さとる
仕立屋お竜
極道な夫に翻弄されていたか弱き女は、武芸の師匠と出会ったことで、過去を捨て裏の仕事を請け負う「地獄への案内人」となった。女の敵は放っちゃおけない、痛快時代小説の開幕！
お-81-1

（　）内は解説者。品切の節はご容赦下さい。

岡本さとる
悲愁の花
仕立屋お竜

「地獄への案内人」となったお竜と井出勝之助。その元締めである文左衛門には、忘れられない遊女との死別があった。あることをきっかけに、お竜はその過去と向き合うことになり……。

お-81-2

岡本さとる
名残の袖
仕立屋お竜

加島屋に縫子として通うことになったお竜。店の女主人は亡くなっており、主人と息子・彦太郎が残されていた。懐いてくる彦太郎に母性をくすぐられるお竜だが運命は無惨にも……。

お-81-3

海音寺潮五郎
天と地と
（全三冊）

戦国史上最も戦巧者であり、いまなお語り継がれる武将・上杉謙信。遠国の越後でなければ天下を取ったといわれた男の半生と、宿敵・武田信玄との数度に亘る川中島の合戦を活写する。

か-2-43

加藤　廣
信長の棺
（上下）

消えた信長の遺骸、秀吉の中国大返し、桶狭間山の秘策——。丹波を訪れた太田牛一は、阿弥陀寺、本能寺、丹波を結ぶ〝闇の真相〟を知る。傑作長篇歴史ミステリー。（縄田一男）

か-39-1

風野真知雄
耳袋秘帖
眠れない凶四郎（一）

妻が池の端の出合い茶屋で何者かに惨殺された。その現場に立ち会って以来南町奉行所の同心、土久呂凶四郎は不眠症に。見かねた奉行の根岸は彼を夜専門の定町回りに任命。江戸の闇を探る！

か-46-38

風野真知雄
耳袋秘帖
南町奉行と大凶寺

深川にある題経寺は正月におみくじを引いたら大凶ばかり、檀家は落ち目になり、墓をつくれば死人が化けて出る。近所の商人から相談された根岸も、さほどの事とは思わなかったのだが。

か-46-43

門井慶喜
ゆけ、おりょう

「世話のやける弟」のような男・坂本龍馬と結婚したおりょうは、酒を浴びるほど飲み、勝海舟と舌戦し、夫と共に軍艦に乗り長崎へ馬関へ！　自立した魂が輝く傑作長編。（小日向えり）

か-48-7

（　）内は解説者。品切の節はご容赦下さい。

梶　よう子
一朝の夢
朝顔栽培だけが生きがいで、荒っぽいことには無縁の同心・中根興三郎は、ある武家と知り合ったことから思いもよらぬ形で幕末の政情に巻き込まれる。松本清張賞受賞。（細谷正充）
か-54-1

梶　よう子
赤い風
原野を二年で畑地にせよ――。川越藩主柳沢吉保は前代未聞の命を下す。だが武士と百姓は反目し合い計画は進まない。身分を超え、未曾有の大事業を成し遂げられるのか。（福留真紀）
か-54-4

梶　よう子
菊花の仇討ち
変化朝顔の栽培が生きがいの同心・中根興三郎は、菊作りで糊口を凌ぐ御家人・中江惣三郎と知り合う。しかし、興三郎は中江と間違えられ、謎の侍たちに襲われて……。（内藤麻里子）
か-54-5

川越宗一
天地に燦たり
なぜ人は争い続けるのか――。日本、朝鮮、琉球。東アジア三か国を舞台に、侵略する者、される者それぞれの矜持を見事に描き切った歴史小説。第25回松本清張賞受賞作。（川田未穂）
か-80-1

川越宗一
熱源
日本人にされそうになったアイヌと、ロシア人にされそうになったポーランド人。文明を押し付けられた二人が、守り継ぎたいものとは？　第一六二回直木賞受賞作。（中島京子）
か-80-2

木内　昇《のぼり》
茗荷谷の猫
茗荷谷の家で絵を描きあぐねる主婦。染井吉野を造った植木職人。画期的な黒焼を生み出さんとする若者。幕末から昭和にかけ各々の生を燃焼させた人々の痕跡を掬う名篇9作。（春日武彦）
き-33-1

木下昌輝
宇喜多の捨て嫁
戦国時代末期の備前国で宇喜多直家は、権謀術策を縦横無尽に駆使し、下克上の名をほしいままに成り上がっていった。腐臭漂う、希に見る傑作ピカレスク歴史小説遂に見参！
き-44-1

（　）内は解説者。品切の節はご容赦下さい。

堺屋太一
豊臣秀長
ある補佐役の生涯（上下）
豊臣秀吉の弟秀長は常に脇役に徹したまれにみる有能な補佐役であった。激動の戦国時代にあって天下人にのし上がる秀吉を支えた男の生涯を描いた異色の歴史長篇。（小林陽太郎）
さ-1-14

早乙女　貢
明智光秀
明智光秀は死なず！　山崎の合戦で生き延びた光秀は姿を僧侶に変え、いつしか徳川家康の側近として暗躍し、二人三脚で豊臣家を滅ぼし、幕府を開くのであった！（縄田一男）
さ-5-25

佐藤雅美
怪盗　桐山の藤兵衛の正体
八州廻り桑山十兵衛
消息を絶っていた盗賊「桐山の藤兵衛一味」。再び動き始めたのはなぜか。時代に翻弄される人々への、十兵衛の深い眼差しが胸を打つ。人気シリーズ最新作にして、最後の作品。
さ-28-26

佐藤雅美
美女二万両強奪のからくり
縮尻鏡三郎
町会所から二万両が消えた！　前代未聞の事件は幕閣の醜聞に発展する。殺される証人、予測不能な展開。果たして鏡三郎たちは狡猾な事件の黒幕に迫れるか。縮尻鏡三郎シリーズ最新作。
さ-28-25

佐藤雅美
大君の通貨
幕末「円ドル」戦争
幕末、鎖国から開国へ変換した日本は否応なしに世界経済の渦に巻込まれていった。最初の為替レートはいかに設定されたのか。幕府崩壊の要因を経済的側面から描き新田次郎賞を受賞。
さ-28-7

坂井希久子
江戸彩り見立て帖
色にいでにけり
鋭い色彩感覚を持つ貧乏長屋のお彩。その才能に目をつけた右近。強引な右近の頼みで、お彩は次々と難題を色で解決していく。江戸のカラーコーディネーターの活躍を描く新シリーズ。
さ-59-3

坂井希久子
江戸彩り見立て帖
朱に交われば
江戸のカラーコーディネーターが「色」で難問に挑む。大好評の文庫オリジナル新シリーズ、待望の第2弾。天性の色彩感覚を持つお彩の活躍、そして右近の隠された素顔も明らかに……。
さ-59-4